A ARTE DOS NEGÓCIOS

"Adoro prazos finais. Gosto do som sibilante que eles produzem quando vão pelos ares."
DOUGLAS ADAMS

"Pense globalmente, aja localmente."
AKIO MORITA

"Vou lhe contar o segredo para ficar rico em Wall Street. Feche as portas. Tente ser ambicioso quando os outros se mostram temerosos. E tente ser temeroso quando os outros se mostram ambiciosos."
WARREN BUFFETT

"Só há um patrão. O cliente. E ele pode despedir todo mundo na companhia, do presidente para baixo, simplesmente gastando seu dinheiro em algum outro lugar."
SAM WALTON

"A produção de um número excessivo de coisas úteis resulta num número excessivo de pessoas inúteis."
KARL MARX

"Sorte é o que acontece quando o preparo se encontra com a oportunidade."
SÊNECA

A ARTE DOS NEGÓCIOS

Frases e ideias imperdíveis sobre o mundo empresarial

Organização:
BILL RIDGERS

Apresentação:
GUSTAVO H.B. FRANCO

Tradução:
MARIA LUIZA X. DE A. BORGES

ZAHAR

Título original:
The Economist Book of Business Quotations

Tradução autorizada da primeira edição inglesa,
publicada em 2012 por Profile Books Ltd, de Londres, Inglaterra

Jorge Zahar Editor Ltda.
rua Marquês de S. Vicente 99 – 1º | 22451-041 Rio de Janeiro, RJ
tel (21) 2529-4750 | fax (21) 2529-4787
editora@zahar.com.br | www.zahar.com.br

Grafia atualizada respeitando o novo
Acordo Ortográfico da Língua Portuguesa

Preparação: Julia Lemos Lima | Revisão: Clarice Goulart, Tamara Sender
Indexação: Nelly Praça | Projeto gráfico: Mari Taboada
Capa: Claudia Warrak, Raul Loureiro
Apoio: Rio Bravo Investimentos

CIP-Brasil. Catalogação na publicação
Sindicato Nacional dos Editores de Livros, RJ

Ridgers, Bill

R413a A arte dos negócios: frases e ideias imperdíveis sobre o mundo empresarial/Bill Ridgers; tradução Maria Luiza X. de A. Borges. – 1.ed. – Rio de Janeiro: Zahar, 2014.

Tradução de: The Economist book of business quotations
Inclui índice
ISBN 978-85-378-1353-9

1. Negócios. 2. Marketing. I. Título.

14-15279 CDD: 650
CDU: 65

SUMÁRIO

Apresentação, por Gustavo H.B. Franco 9
Sobre este livro 13
Introdução 15

A

Administradores e administração, 20 | Advogados e o direito, 23
Ambição, 25 | Amizade, 26 | Aposentadoria, 27 | Artes, 27
Atrás do rebanho, 28 | Avaliações, 29

B

Bancos e banqueiros, 30 | Burocracia, 34

C

Cadeias logísticas, 36 | Capitalismo, 36 | Ceticismo, 39 | Chefe, 40
Ciência, 42 | Civilidade, 42 | Clientes e serviço de atendimento ao cliente, 42 | Cobiça, 46 | Comitês, 48 | Complacência, 49
Comunicação, 49 | Comunismo e socialismo, 51 | Concorrência, 52
Conflito e a indústria de armas, 54 | Conhecimento, 55 | Conselho, 56
O conselho diretor, 59 | Consultores e consultoria, 60
Consumismo, 61 | Contadores e contabilidade, 63 | Contas, 65
Contratação, 66 | Convenções, 67 | Corporações, 67 | Crédito, 69
Crescimento, 70 | Criatividade, 71 | Crime, 74 | Crises financeiras, 75
Cultura, 76 | Custos, 76

D

Dados, informação e estatísticas, 77 | Delegação, 79
Demissão, 80 | Desemprego, 80 | Desenvolvimento, 81
Design, 82 | Desonestidade, 83 | Dinheiro, 84 | Disciplina, 87
Diversão, 88 | Diversidade, 88 | Dívida, 89

E

Economia, 90 | Educação, 93 | Egolatria, 93 | Empreendedores e empreendedorismo, 94 | Empresa familiar, 96 | Empresas de pequeno e médio porte, 97 | Equilíbrio trabalho-vida, 98
Especialização, 99 | Esporte, 100 | Estados Unidos, 101 | Estratégia, 104
Ética, 108 | Europa, 111 | Execução, 112 | Experiência, 112

F

Fabricação, 114 | Felicidade, 114 | Filantropia, 116 | Filosofia, 116
Formação em negócios, 117 | Fracasso, 118
Fusões, cisões e aquisições, 120

G

Gafe e franqueza rude, 122 | Gestão de marca, 123 | Globalização, 124

H

Honestidade, 126

I

Impostos, 128 | Indústria aérea, 129 | Indústria automobilística, 130
Indústria cinematográfica, 132 | Indústria farmacêutica, 132
Indústria do fumo, 133 | Indústria da música, 133 | Indústria do petróleo e do gás, 134 | Inovação, 137 | Interesse pessoal, 142
Internet, 143 | Intuição, 144 | Inveja e ciúme, 144 | Investimento, 145

J

Jogos de azar, 149

L

Liderança, 150 | Linguagem e jargão da administração, 153

M

A mais antiga profissão, 156 | Marketing, 157 | Meio-ambiente, 160
Mercados, 162 | Mercados emergentes, 162 | Mídia, 163
Motivação, 164 | Mudança, 165 | Mulheres nos negócios, 168

N

Negociação e acordo, 170 | Negócios agrícolas, 171
Negócios em volta da mesa, 171

O

Objetivo, 173 | Obsessão, 174 | Obstáculos, 175 | Operações, 175
Otimismo, 175

P

Pensamento sobre administração, 176 | Pesquisa de mercado, 177
Planejamento, 177 | Pobreza, 178 | Poder, 179 | Preço, 180
Preguiça, 182 | Presunção, 184 | Previsões, 184 | Procrastinação, 185
Produtos, 186 | Progresso, 187 | Promoção, 189 | Publicidade, 189

R

Realização, 194 | Regulação, 194 | Remuneração, 195 | Reputação, 197
Responsabilidade, 198 | Retração e perturbação econômica, 198
Reuniões, 199 | Riqueza, 200 | Risco, 204

S

Secretários, 207 | Seguros, 208 | Show business, 208 | Sindicatos e relações industriais, 209 | Sorte, 211 | Start-ups, 212 | Sucesso, 213

T

Talento, 217 | Tecnologia, 218 | Tomada de decisão, 223 | Trabalhadores do conhecimento, 224 | Trabalho, 225 | Trabalho autônomo, 228
Trabalho duro, 229 | Trabalho em equipe, 232 | Treinamento, 234

V

Valor, 235 | Venda, 236 | Viagem de negócios, 237
Vida de escritório, 237

Agradecimentos 241

Índice 243

Apresentação

GUSTAVO H.B. FRANCO*

Nosso maior escritor, Machado de Assis, pode ter sido o fundador de um gênero literário muito útil e apreciado em nossos dias, o que congrega volumes como este que o leitor tem em mãos.

Em sua famosa "Teoria do medalhão", Machado de Assis nos mostra um pai zeloso e matreiro aconselhando seu filho sobre como vencer na vida com o mínimo de esforço. Do que mais tratam os guias de sucesso nos negócios?

A fórmula, segundo ensina o pai, é de simplicidade desconcertante: "Proíbo-te que chegue a outras conclusões que não sejam as já achadas por outros."

Está entre os deveres da paternidade a extrema aversão ao risco, portanto, há que se relevar o exagero e reter apenas a essência da mensagem. Há muitos riscos na originalidade, sobretudo diante de tantas variedades de sabedoria consagrada. É esta a lição. Melhor dependurar-se sobre os ombros de gigantes, e cercar-se dos ensinamentos de Warren Buffet ou Steve Jobs, que produzir seus próprios aforismos. Pelo menos até chegar-se à condição de medalhão ou de exemplo inspirador cujas palavras frequentam as coletâneas de citações.

---

* Economista, professor da PUC-Rio, ex-presidente do Banco Central (1997-99) e sócio fundador da Rio Bravo Investimentos.

Não há contraindicações em servir-se do acervo oferecido por caminhos já trilhados, conforme determina o conselho paternal, e nessa linha diz mais: "Sentenças latinas, ditos históricos, versos célebres, brocardos jurídicos, máximas, é de bom aviso trazê-las contigo para os discursos de sobremesa, de felicitação, ou de agradecimento."

As frases de efeito, quando bem-sucedidas, são consagradoras no mundo dos negócios. Nesse ramo, como se sabe, a sabedoria é prática, jamais organizada em teoremas, fórmulas e modelos gerais, e por isso as escolas de negócios organizam sua matéria em casos. Casos, "causos", histórias, às vezes fábulas e de vez em quando frases.

Nem sempre os exemplos que tomam o lugar da teoria permitem lições que podem ser codificadas em uma frase ou duas. Mas há uma centelha de verdadeira magia quando isto ocorre. E este compêndio consiste justamente em compilar esses felizes acidentes estelares.

A citação é uma companhia segura e confortável para o executivo, como também para o acadêmico, o político ou qualquer um que necessite conferir autoridade às suas ideias, ou à falta delas. A bengala não necessariamente indica a dificuldade de caminhar, menos ainda a de pensar; pode ser apenas um ornamento elegante, acessório ao estilo.

É claro que a citação é um desafio para a mente vaidosa, e nessa categoria é preciso distinguir ao menos dois tipos.

Há os que citam honestamente – diante do pudor em apropriar-se de ideia que não lhe pertence, mesmo quando sua também – e preferem utilizar o aliado de peso, brindado com a consagração dada pelo tempo decorrido, ou mesmo por sua simples celebridade, o que costuma ser muito mais eficaz que reivindicar uma discutível coautoria.

Há os despudorados, que tomam emprestada a sabedoria alheia mas não honram o empréstimo, desfrutando a glória efêmera da falsa invenção. Estes, quando desmascarados, passam vergonha desnecessária e que não compensa o risco.

A citação errada, imprecisa, malversada, é um mal amplamente disseminado, e que esta antologia certamente ajudará a corrigir.

O mau uso dos direitos de propriedade sobre boas ideias fornece uma indicação concreta de um caráter deficiente, o que, na verdade, é uma informação da maior importância no mundo dos negócios, tanto para os que citamos quanto para os que são brindados por citações. São sempre os pequenos detalhes que exibem o farsante, e eles estão em toda parte.

Para todos os tipos, inclusive os intermediários, este pequeno livro será de enorme utilidade. A citação, em muitas áreas, se tornou a métrica do sucesso. O articulista se torna mais profundo, o executivo mais visionário e o acadêmico mais erudito. Não há palestrante inspirador que não tenha em seus slides diversas citações, pílulas de sabedoria que permitem dissertações longas e bem pagas, nas quais o talento do orador consiste em desenvolver o argumento nas possibilidades que lhe convêm a fim de tornar-se sócio daqueles achados.

Na academia, inclusive, existem índices de citações: quanto mais citado o artigo ou o autor, mais prebendas na hierarquia universitária. A citação se tornou a moeda desse mundo do conhecimento, a indicação de mérito que captura a qualidade de produção científica. Talvez mesmo por isso o uso da citação pode ter se tornado excessivo: os professores acordam em citar-se reciprocamente, ou determinam que seus alunos o citem, pois a métrica do mérito parece sobrepor-se a este, tudo valendo para o cidadão alcançar o status de medalhão.

O excesso tem na internet uma de suas causas, pois ela vulgarizou o processo, elevou absurdamente a facilidade de acesso aos ditos de outros. Digita-se uma palavra ou ideia e a ferramenta de busca lhe fornece centenas ou milhares de citações e utilizações, todos misturados, o pertinente e o lixo, este em quantidade enorme e perigosa, desafiando a capacidade de seleção de qualquer pessoa.

Por isso é muito difícil substituir o compêndio construído pelas mãos hábeis de um editor esclarecido e com termos de referência bem definidos, como o que se segue, concentrado na sabedoria associada aos negócios. Como sublinha o devotado pai acima aludido: "Nesse ramo dos conhecimentos humanos tudo está achado, formulado, rotulado, encaixotado; é só prover os alforjes da memória."

Sobre este livro

Este livro não pretende apresentar uma lista exaustiva de citações sobre negócios. É apenas uma reunião de citações que o editor considera particularmente pertinentes, espirituosas e divertidas. Sempre que possível, elas foram retiradas das fontes originais e isso foi indicado no texto. Algumas citações foram atribuídas a seus autores, mas não foi possível encontrar a fonte original; estas foram deixadas sem indicação da origem. Nos raros casos em que há uma chance razoável de que a citação seja apócrifa, ela foi registrada no texto como "atribuída".

Introdução

BILL RIDGERS*

Desde que aprendeu a escrever, o ser humano escreve sobre negócios. Ao descobrir tabuletas sumérias datadas do quarto milênio a.C., consideradas os primeiros exemplos da palavra escrita, os arqueólogos encontraram não reflexões sobre o amor, a família ou a guerra, mas um registro de troca. Mal a escrita se desenvolvera para abranger o pensamento abstrato, o homem estava escrevendo aforismos sobre os caprichos do comércio. "Escolha um trabalho que você ama, e nunca terá de trabalhar um só dia em sua vida", escreveu Confúcio, filósofo chinês, em 500 a.C. Essa tendência continuou desde então. Dois mil e quinhentos anos mais tarde, um filósofo de uma era diferente, Homer Simpson, dizia a seus colegas numa usina de energia nuclear: "Se não gosta de seu trabalho, você não faz greve. Simplesmente vai lá todos os dias e faz um serviço meia-boca. Esse é o estilo americano."

Por que citações sobre negócios nos parecem tão interessantes? Há várias razões. A primeira é estética. Num mundo encarado muitas vezes como frio e calculista, pode-se encontrar arte na citação incisiva que encerra uma verdade mais profunda, como demonstram as frases de Confúcio e Homer. Melhor ainda se ela

* Escritor especializado em negócios e editor de educação e negócios da *Economist*.

for simplesmente engraçada: "Se eu fosse rico como Rockefeller", disse Ronnie Barker, um comediante britânico, "seria mais rico do que Rockefeller, porque faria uns bicos limpando janelas."

Além disso, há reflexão – a escrita sobre os negócios como uma atividade acadêmica. De Francis Bacon a Karl Marx e Thomas Friedman, essa é uma nobre tradição. Existe melhor definição de capitalismo que a expressão "destruição criativa", cunhada por Joseph Schumpeter? Terá alguém compreendido o papel das empresas melhor que Peter Drucker, quando disse que "só há uma definição para o objetivo de uma empresa: criar um cliente"?

Mas também queremos aprender com o sucesso dos outros. Acreditamos que podemos destilar a filosofia de Warren Buffett, Henry Ford ou Jack Welch em poucas das palavras que escolheram bem. Se condensarmos tudo que tornou Steve Jobs grande, ficaremos com uma única frase: "Simples pode ser mais difícil que complexo: é preciso se esforçar muito para deixar seu pensamento claro de modo a torná-lo simples."

Por fim, se formos sinceros, lemos citações sobre negócios porque amamos um comentário mordaz. Quase todos nós teremos de suportar a árdua e monótona rotina do trabalho, e nos sentimos melhor por não estarmos sozinhos. "Quando você crescer, será posto num contêiner chamado cubículo. A opressão sombria vai entortar sua espinha e destruir sua capacidade de sentir alegria. Com sorte, você terá um chefe como eu para motivá-lo com algo chamado medo." Estas foram as palavras de Dilbert, um personagem dos quadrinhos capaz de falar às nossas almas.

A nostalgia não é mais como antes

Uma vez que 6 mil anos se passaram desde que aquele pioneiro mesopotâmico gravou pela primeira vez os custos de seu trabalho numa pedra, é hora de perguntar se a idade de ouro da citação sobre negócios já passou. Os homens de negócios, em geral, tornaram-se mais anódinos. É possível imaginar que o caçador de citações anseia pelos dias excitantes do seriado *Mad Men*. Se fôssemos dar crédito ao glamoroso drama, naquela época os executivos passavam o dia entornando uísque e, ao que parece, soltando uma frase memorável atrás da outra. Na verdade, porém, os homens de negócios dos anos 1950 e 1960 deixaram um número surpreendentemente pequeno de comentários mordazes. (Talvez estivessem apenas bêbados demais para lembrar todas as frases espirituosas que disseram.)

Hoje em dia, um uísque antes do meio-dia é malvisto na maioria das empresas. Grande parte do mundo dos negócios curva-se diante de déspotas dos noticiários 24 horas e das relações públicas, que abafam declarações interessantes no momento em que são criadas, temendo ofender alguém ou provocar uma queda no preço das ações. Isso levou a uma deprimente escalada do eufemismo e do chamado "*management speak*": a arte de parecer estar dizendo uma coisa quando não está. "Crescimento negativo", explica o diretor de RP, soa mais impressionante que "perda"; "racionalização" é mais intelectualmente defensável que "cortes de pessoal".

Mas os negócios não mudaram realmente. Ainda há muitos lugares em que podemos encontrar diretores-executivos sem papas na língua. De fato, talvez esta seja até a idade de ouro das citações. O

Vale do Silício nos deu a sabedoria de Steve Jobs e Jeff Bezos. As companhias aéreas ainda produzem executivos que dizem o que vem à cabeça, como Michael O'Leary e Herb Kelleher. E o mundo em geral excessivamente austero dos investimentos nos deu talvez o homem de negócios mais citável de nossa época, Warren Buffett. Há pouco, o sábio de Omaha escreveu numa carta para seus acionistas:

> Num mercado em alta, é preciso evitar o erro do pato vaidoso que grasna presunçosamente depois de uma tempestade torrencial, pensando que suas habilidades para remar o fizeram subir na vida. Um pato sensato iria, em vez disso, comparar sua posição após o aguaceiro com a dos outros patos da lagoa.

Essas são palavras ao mesmo tempo incisivas e refletidas, e dizem muito sobre por que ele é tão bem-sucedido. E, é claro, são uma crítica deliciosamente cortante àqueles senhores do universo que dominam Wall Street. Em outras palavras, essa é, talvez, a citação perfeita.

A

Palavras dos sábios: cinco citações de gurus da administração

Só há uma definição para o objetivo de uma empresa: criar um cliente.

PETER DRUCKER

Boas companhias atenderão necessidades. Excelentes companhias criarão mercados.

PHILIP KOTLER

As pessoas não querem furadeiras de um quarto de polegada. Querem buracos de um quarto de polegada.

THEODORE LEVITT

Não existe lapso de integridade sem importância.

TOM PETERS

Se suas aspirações não forem maiores do que seus recursos, você não é um empreendedor.

C.K. PRAHALAD

“ Administradores e administração

Os únicos administradores que têm problemas simples são os que têm a mente simples.

RUSSELL ACKOFF, acadêmico (1919-2009)

Organizações fracassadas costumam ter excesso de administração e déficit de liderança.

WARREN BENNIS, acadêmico (1925-2014), “Why lead?”, *Executive Excellence* (2006)

Se você pode dirigir bem uma empresa, pode dirigir bem qualquer empresa.

RICHARD BRANSON, fundador da Virgin (1950-)

As pessoas ingressam em empresas mas abandonam administradores.

MARCUS BUCKINGHAM e CURT COFFMAN, *Quebre todas as regras* (1999)

A tarefa é administrar o que existe e trabalhar para criar o que poderia e deveria existir.

PETER DRUCKER, escritor (1909-2005), *Administração em tempos turbulentos* (1980)

Administrar é muito mais que exercer posto e privilégio... é muito mais que “fazer acordos”. A administração afeta pessoas e suas vidas.

PETER DRUCKER, *Administrando em tempos de grandes mudanças* (1995)

Administração tem a ver com seres humanos. Sua tarefa é tornar as pessoas capazes de agir em grupo, para tornar suas forças eficazes e suas fraquezas irrelevantes.

PETER DRUCKER, *A profissão de administrador* (1998)

O homem que sempre sabe como, sempre terá um emprego. O homem que também sabe por quê, sempre será seu patrão.

RALPH WALDO EMERSON, escritor e filósofo (1803-82)

Administração: atividade ou arte em que aqueles que ainda não tiveram sucesso e aqueles que se provaram malsucedidos são guiados por aqueles que ainda não fracassaram.

PAULSSON FRENCKNER, economista (1921-2005)

A administração foi planejada para resolver um problema muito específico – como fazer coisas de maneira perfeitamente replicável, numa escala cada vez maior e com eficiência sempre crescente. Agora há um novo conjunto de desafios no horizonte. Como construir organizações tão ágeis quanto a própria mudança? Como mobilizar e monetizar a imaginação de cada empregado todos os dias? Como criar organizações que sejam lugares extremamente atraentes para se trabalhar? Simplesmente não é possível responder a esses desafios sem reinventar nosso centenário modelo de administração.

GARY HAMEL, escritor (1954-), *McKinsey Quarterly*, novembro de 2007

A administração não pode proporcionar a um homem respeito por si mesmo ou por seus semelhantes, ou a satisfação de necessidades de autorrealização. Podemos criar condições tais que ele seja estimulado e capacitado a buscar essas satisfações por si mesmo, ou podemos frustrá-lo deixando de criar essas condições.

DOUGLAS MCGREGOR, acadêmico (1906-64),
O lado humano da empresa (1960)

As pressões de seu trabalho impelem o administrador a ser superficial em suas ações – a sobrecarregar-se de trabalho, encorajar interrupções, responder com rapidez a todo estímulo, buscar o tangível e evitar o abstrato, tomar decisões muito gradativas e fazer tudo de maneira abrupta.

HENRY MINTZBERG, acadêmico (1939-), "The Manager's Job",
Harvard Business Review, 1975

Os administradores eficientes parecem ser não os que têm maiores graus de liberdade, mas os que tiram proveito dos graus de liberdade que conseguem encontrar.

HENRY MINTZBERG, *Mintzberg on Management* (1989)

Um bom administrador age em dois extremos da escala – os valores mais gerais, os detalhes mais específicos – e deixa que seus trabalhadores enfrentem o terreno intermediário como lhes parecer adequado.

MICHAEL PREIS, acadêmico, *101 Things I Learned in Business School* (2010)

O melhor executivo é aquele sensato o bastante para escolher bons homens para fazer o que ele quer que seja feito, e conter-se para não se intrometer enquanto eles o estão fazendo.
THEODORE ROOSEVELT, presidente dos Estados Unidos (1858-1919)

Jurei a mim mesmo que, se um dia eu conseguisse andar por uma sala como administrador, as pessoas iriam rir quando me vissem entrar e aplaudir quando eu saísse.
MICHAEL SCOTT, personagem em *The Office* (série de TV americana)

Advogados e o direito

O erro não deve vencer por tecnicismos.
ÉSQUILO, dramaturgo (525-455 a.C.)

Ai de vós, também, doutores da lei, porque sobrecarregais os homens com fardos que dificilmente eles podem suportar, e não levantais nem um dedo para ajudá-los.
BÍBLIA, São Lucas 11:46

As corporações não podem cometer traição, nem ser proscritas, nem excomungadas, porque não têm almas.
EDWARD COKE, juiz (1552-1634), "The Case of Sutton's Hospital"

Cheguei à conclusão de que um homem inútil é chamado de uma desgraça; dois deles são chamados de firma de advocacia; e três ou mais se tornam um Congresso!
SHERMAN EDWARDS, letrista (1919-81), dito por John Adams, um personagem em 1776 (musical americano, 1969)

Um contrato verbal não vale o papel em que está escrito.

SAM GOLDWYN, produtor de cinema (1879-1974), atribuída (provavelmente de maneira errônea)

Não quero um advogado para me dizer o que não posso fazer... Eu o contrato para me dizer como fazer o que quero.

JOHN PIERPONT MORGAN, banqueiro (1837-1913)

Advogado é um homem que ajuda você a conseguir o que ele merece.

LAURENCE PETER, professor e escritor (1919-90)

A primeira coisa a fazer é matar todos os advogados.

WILLIAM SHAKESPEARE, dramaturgo (1564-1616), Dick, o açougueiro, em *Henrique VI, parte 2*

Como seu advogado, é meu dever informá-lo de que não é importante que você entenda o que estou fazendo ou por que você está me pagando tanto dinheiro. O importante é que você continue pagando.

HUNTER S. THOMPSON, escritor (1937-2005), *Medo e delírio em Las Vegas* (1972)

Nada é ilegal se uma centena de homens de negócios decidir fazê-lo.

ANDREW YOUNG, político (1932-)

“ Ambição

Ambição é uma desculpa esfarrapada quando não se tem sensatez suficiente para ser preguiçoso.

EDGAR BERGEN, ventríloquo (1903-78)

[Homens ambiciosos] podem não parar, mas é com um cão numa roda, uma ave numa gaiola, ou um esquilo numa corrente que Budé os compara: eles sobem e sobem mais, com grande esforço, mas nunca chegam ao fim, nunca chegam ao topo.

ROBERT BURTON, erudito (1577-1640), *A anatomia da melancolia* (1621)

A grande doença ocidental reside na frase: “Eu serei feliz quando...”

MARSHALL GOLDSMITH, escritor (1949-), “Making a Resolution that Matters", *Fast Company*, fevereiro de 2004

O pior erro da classe trabalhadora é dizer a seus filhos que não terão sucesso, com as palavras: “Existe vida, mas ela não é para vocês.”

JOHN MORTIMER, advogado (1923-2009)

Bolsos vazios nunca atrapalharam ninguém. Só cabeças vazias e corações vazios podem fazê-lo.

NORMAN VINCENT PEALE, pastor (1898-1993), *O poder do entusiasmo* (1967)

Ambição é um sonho com motor V8.

ELVIS PRESLEY, músico (1935-77)

Por que deveríamos estar numa pressa tão desesperada para triunfar e em empreendimentos tão desesperados? Se um homem não avança no mesmo passo que seus companheiros, talvez seja porque ouve um tambor diferente. Deixe-o marchar segundo a música que ouve, por mais que se retarde ou distancie.
HENRY DAVID THOREAU, escritor e filósofo (1817-1862), *Walden ou A vida nos bosques* (1854)

“ Amizade

Família, religião, amigos – esses são os três demônios que você tem de matar se quiser ter sucesso nos negócios.
SR. BURNS, personagem em *Os Simpsons* (série de TV americana)

Amigos e dinheiro: óleo e água.
MICHAEL CORLEONE, personagem em *O poderoso chefão* (filme, 1972)

Se quer um amigo, arranje um cachorro.
GORDON GEKKO, personagem em *Wall Street* (filme, 1987)
Atribuída originalmente a Harry Truman

Toda empresa duradoura é construída com base na amizade.
ALFRED MONTAPERT, escritor

Uma amizade fundada em negócios é muito melhor que um negócio fundado em amizade.
JOHN D. ROCKEFELLER, industrial (1839-1937)

Aposentadoria

Dizem que o matador número um dos idosos é a aposentadoria. Quando as pessoas arranjam um trabalho, elas tendem a viver um pouco mais para poder fazê-lo.
BUDD, personagem em *Kill Bill: Volume 2* (filme, 2004)

Nunca há tempo suficiente para fazer todo o nada que você quer.
CALVIN E HAROLDO, quadrinhos

Artes

A indústria cultural mais falsifica as reações de seus clientes do que se adapta a elas.
THEODOR ADORNO, filósofo (1903-69)

Cobre menos, mas cobre. Do contrário, você não será levado a sério, e não fará nenhum favor aos demais artistas se aviltar o mercado.
ELIZABETH ASTON, escritora, *The True Darcy Spirit* (2006)

Não sou um homem de negócios apaixonado, mas um artista apaixonado. Nunca penso em dinheiro. Coisas bonitas geram dinheiro.
GEOFFREY BEENE, estilista de moda (1924-2004)

Parece-me bastante fácil caracterizar um homem de negócios. Ser insosso, um tanto cruel e incompetente vem-me com muita naturalidade.

JOHN CLEESE, comediante (1939-)

Não posso mudar o fato de que minhas pinturas não vendem. Mas chegará o dia em que as pessoas reconhecerão que elas valem mais do que as tintas usadas no quadro.

VINCENT VAN GOGH, pintor (1853-90)

Ser bom nos negócios é o mais fascinante tipo de arte. Ganhar dinheiro é arte, trabalhar é arte e fazer bons negócios é a melhor arte.

ANDY WARHOL, artista (1928-87)

Atrás do rebanho

Em geral, os administradores são muito pouco incentivados a tomar a decisão inteligente-mas-com-alguma-chance-de-parecer-idiota. Sua razão pessoal de ganho/perda é óbvia: se uma decisão não convencional funciona bem, eles ganham uma palmadinha nas costas, e, se funciona mal, recebem o bilhete azul. (Fracassar da maneira convencional é o melhor caminho; como grupo, os maria-vai-com-as-outras podem ter uma péssima imagem, mas um indivíduo que cai no buraco atrás dos outros jamais foi criticado.)

WARREN BUFFETT, investidor (1930-),
carta aos acionistas da Berkshire Hathaway

Já se perguntou por que administradores de fundos
não conseguem bater o S&P 500?
É porque são carneiros, e carneiros são abatidos.
GORDON GEKKO, personagem em *Wall Street* (filme, 1987)

Avaliações

Avaliação é o que acontece quando você tem uma troca de ideias com seu chefe. Isso se chama troca de ideias porque você entra com a sua e sai com a dele.
GUY BROWNING, humorista (1964-), Office Politics (2006)

B

“ Bancos e banqueiros

Sou apenas um banqueiro “fazendo a obra de Deus”.

LLOYD BLANKFEIN, diretor-executivo do Goldman Sachs (1954-), citado no *Wall Street Journal*, maio de 2010

Os bancos são os templos dos Estados Unidos.
Esta é uma guerra santa. Nossa economia é nossa religião.

GIANNINA BRASCHI, escritora (1953-), *United States of Banana* (2011)

Sr. Vítima, tenho o prazer de lhe comunicar que obtive autorização para lhe emprestar o dinheiro que solicitou. Sim, claro que vamos querer como garantia as escrituras da sua casa, da casa da sua tia, da casa do seu primo de segundo grau, da casa dos pais da sua mulher e do bangalô da sua avó; além disso, vamos precisar de uma participação majoritária na sua nova empresa, acesso ilimitado à sua conta bancária pessoal, o depósito em nossos cofres de seus três filhos como reféns e uma completa isenção legal de responsabilidade por quaisquer atos de apropriação indevida praticados contra você por quaisquer membros de nosso staff durante o exercício normal de suas

obrigações ... não, lamento, mas não podemos aceitar seu cachorro no lugar de seu filho caçula, gostaríamos de sugerir um novíssimo esquema nosso sob o qual 51% do seu cachorro e da sua mulher passam para nós na eventualidade de você sofrer um acidente grave.
JOHN CLEESE, comediante (1939-), "Merchant Banker", esquete do *Monty Python* (série de TV inglesa, 1969)

Talvez um segredo de seu poder seja que, tendo estudado as flutuações dos preços, eles sabem que a história é inflacionária e que dinheiro é a última coisa que um homem sábio vai entesourar.
WILL DURANT, escritor (1885-1961), *The Lessons of History* (1986)

O processo pelo qual os bancos criam dinheiro é tão simples que o cérebro é dispensado.
JOHN KENNETH GALBRAITH, economista (1908-2006), *Moeda* (1975)

O problema crônico da City é desonestidade institucionalizada, pessoas comportando-se com tanta integridade quanto possível, mas tendo de viver num ambiente que situa os interesses das firmas acima dos interesses do cliente, e procura dia a dia separar o cliente da maior quantidade de dinheiro em que consegue passar a mão. O problema de hoje são pessoas honestas em firmas desonestas.
ANTHONY HILTON, escritor, *Evening Standard*, outubro de 2011

A arte e mistério dos bancos ... funda-se sobre o princípio de que "dívidas privadas são uma bênção pública". De que as evidências dessas dívidas privadas, chamadas cédulas, tornam-se capital ativo, e alimentam todo o comércio, as manufaturas e a agricultura dos Estados Unidos. Eis aqui um grupo de pessoas, por exemplo, que nos concedeu a grande bênção de nos tomar emprestados cerca de 200 milhões de dólares, sem que saibamos quem são elas, onde estão, ou que propriedades têm para pagar essa dívida quando solicitadas; não, que nos tornaram tão conscientes das bênçãos de as deixarmos ter uma dívida para conosco, que nós as isentamos por lei do reembolso dessas dívidas além de dada proporção (geralmente estimada em um terço). E para encher a medida da bênção, em vez de pagar elas recebem um juro sobre o que devem daqueles a quem devem; pois todas as cédulas, ou evidências do que devem, que vemos em circulação, foram emprestadas a alguém a um juro que é arrecadado novamente de nós por meio do comércio. E elas continuam tão dispostas a repartir conosco suas liberalidades que desejam agora tomar emprestados mais 90 milhões, devendo nós pagar-lhes o mesmo prêmio de seis ou oito por cento de juros, e com a mesma isenção legal do reembolso de mais de 30 milhões da dívida, quando ela for cobrada.

THOMAS JEFFERSON, presidente dos Estados Unidos (1743-1826), carta a John W. Eppes

Estabelecimentos bancários são mais perigosos que exércitos permanentes, e o princípio de despender dinheiro a ser pago no futuro sob o nome de financiamento nada mais é que roubar a posteridade em grande escala.

THOMAS JEFFERSON, carta a John Taylor

O velho ditado permanece válido. Deva mil libras a seu banqueiro e estará à sua mercê; deva-lhe um milhão e as posições se invertem.

JOHN MAYNARD KEYNES, economista (1883-1946), *Treasury Papers* (1945)

Os homens na sala de pregão podem não ter ido à escola, mas têm PhDs em ignorância humana.

MICHAEL LEWIS, escritor (1960-), *A jogada do século* (2010)

Uma regra que pune o banqueiro que não a observa: Nunca empreste dinheiro a uma pessoa a menos que ela não precise dele.*

OGDEN NASH, poeta (1902-71), *The Face is Familiar*

Deixe-me emitir e controlar o dinheiro de uma nação e não me importa quem escreve as leis.

MAYER AMSCHEL ROTHSCHILD, banqueiro (1744-1812)

Banqueiros – pilares da sociedade que irão para o inferno se houver um Deus e Ele tiver sido corretamente citado.

JOHN RALSTON SAUL, aforista (1947-), *The Doubter's Companion* (1994)

Os defeitos do assaltante são as qualidades do financista: as maneiras e os hábitos de um duque custariam a um escrivão municipal o seu cargo.

GEORGE BERNARD SHAW, dramaturgo (1856-1950), *Major Barbara*

---

* One rule which woe betides the banker who fails to heed it/ Never lend any money to anybody unless they don't need it.

O processo bancário moderno fabrica dinheiro a partir do nada. O processo é talvez o mais incrível ato de ilusionismo já inventado... Se você quiser ser escravo dos banqueiros e pagar o custo de sua própria escravidão, permita que os banqueiros criem dinheiro.
JOSIAH STEMP, ex-governador do Banco da Inglaterra (1880-1941), discurso na Universidade do Texas, 1927

“ Burocracia

O objetivo da burocracia é compensar a incompetência e a falta de disciplina – um problema que desaparece em grande parte se você tiver as pessoas certas para começar.
JIM COLLINS, escritor (1958-), *Empresas feitas para vencer* (2001)

O inferno não tem a fúria de um burocrata desprezado.
MILTON FRIEDMAN, economista (1912-2006), *Newsweek*, dezembro de 1975

Objetivos e princípios simples, claros, dão origem a um comportamento complexo e inteligente. Regras e regulamentos complexos dão origem a um comportamento simples e estúpido.
DEE HOCK, homem de negócios (1929-)

A burocracia defende o status quo por muito tempo depois que o quo perdeu seu status.
LAURENCE PETER, professor e escritor (1919-90)

Administração burocrática significa fundamentalmente exercício do controle com base no conhecimento.

MAX WEBER, sociólogo (1864-1920), *Teoria da organização social e econômica* (1968)

Não me importa nada se temos um pouco de burocracia, contanto que tenhamos os resultados. Se ela os incomodar, gritem com ela. Chutem-na. Quebrem-na!

JACK WELCH, homem de negócios (1935-), *BusinessWeek*, junho de 1998

Não somos pobres coitados presos nas garras de forças com relação às quais pouco podemos fazer, e condenações por atacado de nossa sociedade só conferem uma mística maior à organização. A organização foi feita pelo homem; ela pode ser mudada pelo homem.

WILLIAM WHYTE, escritor (1917-99), *The Organization Man* (1956)

Não é necessário imaginar o mundo acabando em fogo ou gelo. Há duas outras possibilidades: uma é papelada e a outra é nostalgia.

FRANK ZAPPA, músico (1940-93)

C

Cadeias logísticas

[A cadeia logística] estende-se desde os fornecedores de seus fornecedores até os clientes de seus clientes.

ANÔNIMO (possivelmente cunhado por A.T. Kearney, consultores de administração)

Cadeias de fornecimento não podem tolerar nem 24 horas de interrupção. Por isso, caso você perdesse seu lugar na cadeia de fornecimento por causa de comportamento irrefletido, poderia perder muito. Seria como derramar cimento num de seus poços de petróleo.

THOMAS FRIEDMAN, escritor (1953-), entrevista à Amazon.com

Capitalismo

O capitalismo é a atividade fraudulenta legítima da classe dominante.

AL CAPONE, gângster (1899-1947)

Algumas pessoas veem a empresa privada como um tigre predatório a abater. Outras veem nela a vaca que podem ordenhar. Só poucos a veem como um cavalo saudável, puxando uma carroça robusta.

WINSTON CHURCHILL, primeiro-ministro britânico (1874-1965)

O debate histórico terminou. A resposta é capitalismo de livre-mercado.

THOMAS FRIEDMAN, escritor (1953-), *O lexus e a oliveira* (1999)

Provavelmente é verdade que os negócios corrompem tudo em que tocam. Corrompem a política, os esportes, a literatura, a arte, os sindicatos e assim por diante. Mas os negócios também corrompem e enfraquecem o totalitarismo monolítico. O capitalismo alcança sua melhor forma liberalizante num ambiente não capitalista.

ERIC HOFFER, filósofo (1902-83), *New York Times*, abril de 1971

Se o Tesouro decidisse encher garrafas velhas com dinheiro, enterrá-las em profundidades apropriadas em minas de carvão desativadas que fossem depois preenchidas até a borda com lixo urbano, e permitisse que a iniciativa privada, com base em princípios comprovados de *laissez-faire*, desenterrasse as notas de novo (o direito de fazê-lo sendo obtido, é claro, por meio de concessões sobre o terreno onde elas estão enterradas), não precisaria haver mais desemprego e, com a ajuda das repercussões, a renda real da comunidade, bem como sua

riqueza em capital, provavelmente se tornaria
muito maior do que é na realidade.

JOHN MAYNARD KEYNES, economista (1883-1946), *Teoria geral do emprego, do juro e da moeda* (1936)

Capitalismo é a crença estarrecedora de que o mais iníquo dos homens fará a mais iníqua das coisas para o bem maior de todos.

JOHN MAYNARD KEYNES

O que temos vivido por três décadas é o capitalismo de fronteira, com a fronteira mudando de lugar constantemente, de crise para crise, avançando sempre que a lei a alcança.

NAOMI KLEIN, escritora (1970-), *A doutrina do choque* (2007)

Capital é dinheiro, capital é mercadorias. Em virtude de ser valor, adquiriu a capacidade oculta de adicionar valor a si mesmo. Ele gera filhotes vivos, ou, pelo menos, põe ovos de ouro.

KARL MARX, filósofo (1818-83), *O capital* (1867)

O capitalismo está sendo morto por suas realizações.

JOSEPH SCHUMPETER, economista (1883-1950), *Capitalismo, socialismo e democracia* (1942)

A abertura de novos mercados, externos ou internos, e o desenvolvimento organizacional da oficina e da fábrica artesanal para empresas como a US Steel ilustram o mesmo processo de mutação industrial – se posso usar esse termo biológico – que revoluciona incessantemente a estrutura econômica a partir de dentro, destruindo incessantemente a velha, criando incessantemente uma nova. Esse processo de Destruição Criativa é o fato essencial acerca do capitalismo.

JOSEPH SCHUMPETER, *Capitalismo, socialismo e democracia* (1942)

O capitalista nada mais é que um homem que não gasta tudo que é ganho pelo trabalho.

SAMUEL SMILES, escritor (1812-1904), *Thrift* (1875)

O capitalismo só conhece uma cor: essa cor é verde; tudo o mais é necessariamente subserviente a ela, por isso raça, gênero e etnicidade não podem ser considerados em seu âmbito.

THOMAS SOWELL, economista (1930-)

Ficar rico é glorioso.

DENG XIAOPING, líder do Partido Comunista Chinês (1904-77)

Ceticismo

Arranhe a superfície da maior parte dos céticos, e encontrará um idealista frustrado – alguém que cometeu o erro de converter seus ideais em expectativas.

PETER SENGE, cientista (1947-), *A quinta disciplina* (1990)

O que é um cético? Um homem que sabe o preço de tudo e não sabe o valor de nada.

OSCAR WILDE, escritor (1854-1900), *O leque de Lady Windemere*

“ Chefe

Se acha que seu chefe é estúpido, lembre-se: você não teria um emprego se ele fosse mais inteligente.
JOHN GOTTI, gângster (1940-2002)

Algumas pessoas só trabalham como um cavalo quando seu chefe monta nelas.
GABRIEL HEATTER, locutor (1890-1972)

É preciso ter nervos de aço para continuar neurótico.
HERB KELLEHER, fundador da Southwest Airlines (1931-)

Hierarquia é a empresa que tem o rosto voltado para o diretor-executivo e o traseiro para o cliente.
JONAS RIDDERSTRALE e KJELL NORDSTROM,
Funky Business (2001)

As pessoas perguntam a diferença entre um líder e um chefe.
O líder trabalha às claras e o chefe no escuro.
O líder conduz e o chefe empurra.
THEODORE ROOSEVELT, presidente americano (1858-1919)

Chefes sábios dedicam-se a aprender o que não sabem. Agem ousadamente com base nos fatos de que dispõem no momento, mas procuram sinais de que estão errados – buscando um saudável equilíbrio entre coragem e humildade.
ROBERT SUTTON, acadêmico, *Bom chefe, mau chefe* (2010)

Com a palavra, o personagem: cinco citações do cinema e da TV

Tudo que eu sempre quis foi um honesto pagamento semanal por um honesto dia de trabalho.

SARGENTO ERNEST BILKO, personagem em *O sargento trapalhão*

Repórter: Sr. Kane, como está vendo as condições para os negócios na Europa?
Charles Foster Kane: Como estou vendo as condições para os negócios na Europa? Com grande dificuldade.

CIDADÃO KANE

Se não gosta do que está sendo dito, mude de conversa.

DONALD DRAPER, personagem em *Mad Men*

O fato, senhoras e senhores, é que a cobiça, por falta de uma palavra melhor, é boa.

GORDON GEKKO, personagem em *Wall Street*

Não gosto de violência, Tom. Sou um homem de negócios; sangue custa muito caro.

SOLLOZO, personagem em *O poderoso chefão*

“ Ciência

A indústria científica tem sua exata contrapartida no tipo de mentes que explora: eles não precisam mais fazer nenhuma violência contra si mesmos ao se tornar seus próprios voluntários e supervisores zelosos. Mesmo que, fora de sua função oficial, demonstrem ser seres muito humanos e sensatos, eles são paralisados por estupidez passiva no instante em que começam a pensar profissionalmente.
THEODOR ADORNO, filósofo (1903-69)

“ Civilidade

Polidez e civilidade são sempre o melhor capital a investir em negócios.
P.T. BARNUM, showman (1810-91), *A arte de ganhar dinheiro* (1880)

É muito vulgar falar sobre o próprio negócio. Só pessoas como corretores o fazem e, mesmo assim, apenas em jantares festivos.
OSCAR WILDE, escritor (1854-1900), *A importância de ser prudente*

“ Clientes e serviço de atendimento ao cliente

Um sapato sem *sex appeal* é como uma árvore sem folhas. Atendimento sem emoção é como um sapato sem *sex appeal*.
ANÔNIMO

Você só deseja o que não pode ter. As pessoas querem exclusividade, portanto é preciso manter o cliente sempre faminto e frustrado.

JEAN-CLAUDE BIVER, relojoeiro (1949-), citado na *Economist*

Eis aqui uma regra simples, mas poderosa:
dê sempre às pessoas mais do que elas esperam obter.

NELSON BOSWELL, escritor

Um consumidor é um comprador irritado com alguma coisa.

HAROLD COFFIN, escritor (1905-81)

O cliente é um espelho retrovisor, não um guia para o futuro.

GEORGE COLONY, fundador da Forrester Research (1954-)

O que o cliente pede é o modelo do ano passado, mais barato. Para descobrir do que o cliente precisa, você tem de entender o que ele está fazendo tão bem quanto ele mesmo. Depois você fabrica aquilo de que ele precisa e o educa para o fato de que precisa disso.

NICHOLAS DEWOLF, homem de negócios (1928-2006)

Só há uma definição para o objetivo de uma empresa: criar um cliente.

PETER DRUCKER, escritor (1909-2005),
A prática da administração de empresas (1954)

Você fica aí sem fazer nada, esperando ser atendido em todas as suas necessidades enquanto eu tenho de dirigir um hotel! Tem ideia de quanta coisa há por fazer? Pensa nisso alguma vez? Claro que não! Está ocupando demais metendo o nariz em todo canto, procurando do que se queixar, não é? Bem, deixe-me dizer-lhe uma coisa – foi exatamente assim que a Alemanha nazista começou! Uma porção de vagabundos sem nada de melhor para fazer que criar problema! Bem, passei quinze anos cedendo a gente como você, e estou farto! Vamos, faça suas malas e dê o fora!

BASIL FAWLTY, personagem em *Fawlty Towers* (série de TV britânica, 1975-79)

Não é o patrão que paga os salários. Os patrões apenas controlam o dinheiro. Quem paga os salários é o cliente.

HENRY FORD, industrial (1863-1947)

Um cliente é o visitante mais importante em nossas instalações. Ele não depende de nós. Nós dependemos dele. Ele não é uma interrupção em nosso trabalho. É seu objetivo. Não é um estranho no nosso negócio. É parte dele. Não lhe fazemos um favor ao servi-lo. Ele nos faz um favor ao nos dar uma oportunidade de servi-lo.

MAHATMA GANDHI, líder indiano (1868-1948)

Seus clientes mais insatisfeitos são sua maior fonte de aprendizado.

BILL GATES, fundador da Microsoft (1955-), *A empresa na velocidade do pensamento* (1999)

Deixar seus clientes estabelecerem os seus padrões é um jogo perigoso, porque é muito fácil ganhar a corrida rumo à derrocada. Estabelecer os próprios padrões – e manter-se à altura deles – é uma maneira melhor de lucrar. Para não dizer que é uma maneira melhor de fazer seu dia valer todo o esforço que você põe nele.

SETH GODIN, empresário (1960-), blog de Seth Godin, junho de 2006

A cada minuto nasce um otário.

DAVID HANNUM, showman (muitas vezes erroneamente atribuída a P.T. Barnum)

Quando você esfola os seus clientes, deveria deixar alguma pele que possa voltar a crescer para você poder esfolá-los de novo.

NIKITA KHRUSHCHEV, presidente da Rússia (1894-1971)

Consumidores são estatísticas. Clientes são pessoas.

H. STANLEY MARCUS, homem de negócios (1905-2002)

Clientes não são interruptores, são botões de volume.

DON PEPPERS e MARTHA ROGERS, *Marketing um a um* (1996)

Sem clientes, você não tem um negócio. Tem um hobby.

DON PEPPERS e MARTHA ROGERS, *Retorno sobre clientes* (2005)

A rota do esforço extra nunca está engarrafada.

ROGER STAUBACH, jogador de futebol americano e homem de negócios (1942-)

Consumidor: alguém capaz de escolher um presidente, mas incapaz de escolher uma bicicleta sem ajuda de um órgão do governo.
HERBERT STEIN, economista (1916-99), *New York Times Magazine*, 1979

Regra 1: O cliente tem sempre razão. Regra 2: Se alguma vez o cliente estiver errado, releia a Regra 1.
LEMA das lojas Stew Leonard's

Se você puder fazer a coisa até quarta-feira, diga que fará até sexta. Depois, entregue na terça.
RICHARD TEMPLAR, *As regras do trabalho* (2010)

Só há um patrão. O cliente. E ele pode despedir todo mundo na empresa, do presidente para baixo, simplesmente gastando seu dinheiro em algum outro lugar.
SAM WALTON, fundador do Walmart (1918-92)

“ Cobiça

A avareza começa onde a pobreza termina.
HONORÉ DE BALZAC, escritor (1799-1850), *A comédia humana* (1842-48)

Vou lhe contar o segredo para ficar rico em Wall Street. Feche as portas. Tente ser ambicioso quando os outros se mostram temerosos. E tente ser temeroso quando os outros se mostram ambiciosos.
WARREN BUFFETT, investidor (1930-), citado em *Buffett*, de Roger Lowenstein (1995)

Não fossem a cobiça, a intolerância, o ódio, a paixão e o assassinato, não haveria nenhuma obra de arte, nenhum grande edifício, nenhuma ciência médica, nenhum Mozart, nenhum Van Gogh, nada de Muppets e nenhum Louis Armstrong.
JASPER FFORDE, escritor (1961-), *The Big Over Easy* (2005)

A Terra fornece o bastante para satisfazer à necessidade de todos os homens, mas não à cobiça de todos os homens.
MAHATMA GANDHI, líder indiano (1869-1948)

O fato, senhoras e senhores, é que a cobiça, por falta de uma palavra melhor, é boa.
GORDON GEKKO, personagem em *Wall Street* (filme, 1987)

Ouro em pó é precioso, mas quando entra nos olhos obscurece a visão.
HSI TANG CHIH TSANG, monge (735-814)

É verdade, a cobiça tem sido muito criticada. Francamente, não vejo nada de errado com ela. Acho que as pessoas que estão sempre atacando-a seriam mais coerentes com sua posição se recusassem o próximo aumento de salário. ... Cobiça significa simplesmente que você está tentando mitigar a escassez natural com que o homem nasceu. Ela continuará até que chegue o Jardim do Éden, quando tudo será superabundante e não teremos de nos preocupar em absoluto com a economia.
MURRAY ROTHBARD, economista (1926-95), *Economic Controversies* (2011)

Piadas à parte: cinco citações de comediantes

Se eu fosse rico como Rockefeller, seria mais rico do que Rockefeller, porque faria uns bicos limpando janelas.

RONNIE BARKER

Trabalho duro nunca matou ninguém, mas por que correr o risco?

EDGAR BERGEN

Oh, você detesta o seu emprego? Por que não disse antes? Há um grupo de apoio para isso. Chama-se todo mundo, e reúne-se no bar.

DREW CAREY

Este trabalho é uma questão de aplicação. Do traseiro à cadeira.

RICHARD HERRING

Uma boa regra geral é que, se você chegou aos 35 e continua precisando usar um crachá com seu nome, cometeu um sério erro vocacional.

DENNIS MILLER

“ Comitês

Examinei todos os parques em todas as cidades – e não encontrei nenhuma estátua de comitê.

G.K. CHESTERTON, escritor (1874-1936)

Quando você vê uma cobra, simplesmente mata-a – não designa um comitê sobre cobras.

ROSS PEROT, homem de negócios e candidato à presidência dos Estados Unidos (1930-)

“ Complacência

A maioria dos homens de negócios pensa: “De todo modo este sistema provavelmente vai durar por toda a minha vida. Ele vigora há muito tempo, e provavelmente ainda vai continuar.”

WALTER BAGEHOT, homem de negócios, escritor e um dos primeiros editores da *Economist* (1826-77), *Lombard Street* (1873)

Quando sua empresa é imensamente bem-sucedida, você não quer ver que o mundo está mudando.

FREEK VERMEULEN, acadêmico, *Business Exposed* (2010)

“ Comunicação

É possível que o telefone tenha sido responsável por mais ineficiência nos negócios que qualquer outro agente, exceto o láudano. ... Nos velhos tempos, quando você queria entrar em contato com um homem, escrevia uma mensagem, borrifava-a com areia, e entregava-a a um homem a cavalo. Ela era entregue provavelmente em meia hora, dependendo de quanto o cavalo tinha comido no almoço. Mas no corre-corre dos dias de hoje, passa-se às vezes uma semana antes que você consiga agarrar seu homem ao telefone.

ROBERT BENCHLEY, humorista (1889-1945), *One Minute Please!* (1945)

A maioria dos e-mails é biodegradável. ... Se você os deixa ir descendo pela pilha e continuar sem resposta, eles acabam se tornando irrelevantes.

GUY BROWNING, humorista (1964-), *Office Politics* (2006)

A comunicação se dá tanto por palavras quanto por atos. Esta última costuma ser a forma mais poderosa. Nada mina mais a mudança que o comportamento de pessoas importantes sendo incoerente com sua comunicação verbal.

JOHN KOTTER, acadêmico (1947-), *Liderando mudanças* (1996)

A classe comercial sempre desconfiou do brilhantismo verbal e da graça, considerando essas qualidades, talvez com alguma justiça, frívolas e pouco rentáveis.

DOROTHY NEVILL, escritora (1826-1913), *The Reminiscences of Dorothy Nevill* (1906)

O maior problema em comunicação é a ilusão de que ela ocorreu.

GEORGE BERNARD SHAW, dramaturgo (1856-1950)

“ Comunismo e socialismo

O vício inerente ao capitalismo é a divisão desigual das bênçãos, ao passo que a virtude inerente ao socialismo é a divisão igual da miséria.

WINSTON CHURCHILL, primeiro-ministro britânico (1874-1965), discurso na Câmara dos Comuns, 1945

O comunismo foi um excelente sistema para tornar as pessoas igualmente pobres – na verdade, não há sistema melhor para isso no mundo. O capitalismo tornou as pessoas desigualmente ricas.

THOMAS FRIEDMAN, escritor (1953-), *O mundo é plano* (2005)

Os coletivistas políticos não estão mais muito interessados em tirar coisas dos ricos e criativos. Até os políticos mais de esquerda cultuam a criação de riqueza – quando o prato de coleta do comitê de ação política é passado. Sócios do Goldman Sachs vão embora com seus bilhões. Steve Jobs anda sobre as águas. Jay-Z e Beyoncé são ricos o bastante para comprar Deus. Os Robin Hoods progressistas agora se dedicam a roubar pessoas comuns.

P.J. O'ROURKE, satirista (1947-), *Wall Street Journal*, abril de 2011

O mundo não estaria em tamanha enrascada, se Marx tivesse sido Groucho e não Karl.

IRVING THALBERG, produtor cinematográfico (1899-1936), mensagem de aniversário para Groucho Marx

Governos socialistas tradicionalmente fazem uma bagunça financeira. Eles sempre acabam sem o dinheiro dos outros. É realmente uma característica deles.

MARGARET THATCHER, primeira-ministra britânica (1925-2013)

“ Concorrência

O preço que a sociedade paga pela lei da concorrência ... [é] grande; mas as vantagens dessa lei são também maiores ainda ... pois é a ela que devemos nosso maravilhoso desenvolvimento material, que traz em seu rastro melhores condições. Mas, seja a lei benigna ou não, devemos dizer a seu respeito. ... Ela está aqui; não podemos evitá-la; nenhum substituto para ela foi encontrado; e embora ela possa por vezes ser dura para o indivíduo, é melhor para a raça, porque assegura a sobrevivência dos mais aptos em todos os departamentos.

ANDREW CARNEGIE, homem de negócios (1835-1919),
The Autobiography of Andrew Carnegie and the Gospel of Wealth (1920)

Boa vontade é o único bem que a concorrência não pode vender a preço mais baixo ou destruir.

MARSHALL FIELD, homem de negócios (1834-1906)

Em alguma garagem por aí há um empresário que está forjando um projétil destinado à sua companhia.

GARY HAMEL, escritor (1954-)

A única maneira de derrotar a concorrência é
parar de tentar derrotar a concorrência.

W. CHAN KIM e RENÉE MAUBORGNE, *A estratégia do oceano azul* (2005)

Nos negócios, se você estiver sempre correndo,
a concorrência o morderá; se ficar parado, ela o engolirá.

WILLIAM KNUSDEN, homem de negócios (1879-1948)

O problema com os predadores é que eles não sabem
quem é a presa; até que ela esteja morta.

FREDDIE LAKER, dono de companhia aérea (1922-2006)

A menos que você trace os planos de seu concorrente,
não pode prever o futuro.

AL RIES e JACK TROUT, *As 22 consagradas leis do marketing* (1994)

A concorrência revela o melhor nos produtos e o pior nas pessoas.

DAVID SARNOFF, homem de negócios (1891-1971)

Toda companhia tem um campo de visão competitivo
bem definido, que em geral é demasiado estreito.
Longos períodos de equilíbrio só exacerbam o problema.
Um grande número de "pequenos jogadores secundários"
opera exatamente na periferia. É difícil percebê-los, porque
os concorrentes tradicionais se concentram uns nos outros.

BENSON SHAPIRO, ADRIAN SLYWOTZKY e RICHARD TEDLOW,
"How to Stop Bad Things from Happening to Good Companies",
Strategy+Business, 1997

A concorrência é uma corrida, mas é também uma corrida no escuro. Muitas vezes todos acabam seguindo o concorrente mais rápido ... mas de vez em quando todos acabam com um grande galo na cabeça.

FREEK VERMEULEN, acadêmico, *Business Exposed* (2010)

“ Conflito e a indústria de armas

Se você for um fabricante de armas, seu produto não está sujeito a regulamento de segurança da Consumer Product Safety Commission. Armas de brinquedo estão sujeitas a regulamento de segurança; pistolas de água estão, mas armas de verdade, não.

MICHAEL BARNES, político (1943-)

Antigamente, quando grandes fortunas só eram feitas na guerra, guerra era negócio; mas hoje, quando grandes fortunas só são feitas por negócios, os negócios são guerra!

CHRISTIAN NESTELL BOVEE, escritor (1820-1904), *Intuitions and Summaries of Thought* (1862)

Acho que você vai descobrir
Quando a morte o levar
Todo o dinheiro que ganhou
Não pode sua alma recomprar.*

BOB DYLAN, músico (1941-), *Masters of War*

---

* I think you will find/ When your death takes its toll/ All the money you made/ Will never buy back your soul.

A mão invisível do mercado nunca trabalhará sem um punho invisível. O McDonald's não pode florescer sem McDonnell Douglas, o projetista do F-15. E o punho invisível que mantém o mundo seguro para que as tecnologias do Vale do Silício floresçam chama-se Exército, Força Aérea, Marinha e Corpo de Fuzileiros Navais dos Estados Unidos.
THOMAS FRIEDMAN, escritor (1953-), *New York Times*, março de 1999

Francamente, eu gostaria de ver o governo sair da guerra por completo e deixar todo o campo à indústria privada.
JOSEPH HELLER, escritor (1923-99), *Ardil 22* (1961)

A melhor maneira de ganhar dinheiro é comprar quando está correndo sangue nas ruas.
JOHN D. ROCKEFELLER, industrial (1839-1937), atribuída

“ Conhecimento

[Sabedoria é] ser finalmente capaz de descobrir com o que você deveria se preocupar e com o que não deveria.
EDWARD ALBEE, dramaturgo (1928-)

Insight não é uma lâmpada que se acende dentro da sua cabeça. É uma vela bruxuleante que pode ser facilmente apagada.
MALCOLM GLADWELL, escritor (1963-), *Blink* (2005)

As pessoas mais sensatas que podemos encontrar em sociedade são homens de negócios e do mundo, que argumentam a partir do que veem e sabem, em vez de tecer distinções densas e elaboradas sobre como as coisas deveriam ser.

WILLIAM HAZLITT, escritor (1778-1830), "On the Ignorance of the Learned", *Table-Talk* (1821)

Um especialista é um homem que sabe cada vez mais sobre cada vez menos.

WILLIAM JAMES MAYO (1861-1939), citado em *Reader's Digest*, novembro de 1927

As melhores cabeças não estão no governo. Se alguma estivesse, a iniciativa privada trataria de atraí-la.

RONALD REAGAN, presidente dos Estados Unidos (1911-2004)

Não tenha medo de dedicar tempo a aprender. É bom trabalhar para outras pessoas. Trabalhei para outros durante vinte anos. Eles me pagaram para aprender.

VERA WANG, estilista de moda (1949-)

Conselho

A primeira coisa que um novo empregado deveria fazer no emprego é aprender a reconhecer a voz do chefe ao telefone.

MARTIN BUXBAUM, escritor e humorista (1912-)

O único pecado imperdoável nos negócios é ficar sem dinheiro.

HAROLD GENEEN, homem de negócios (1910-97)

Nunca atribua à maldade o que pode ser explicado pela incompetência.

ROBERT J. HANLON, *Hanlon's razor* (1980)
(por vezes atribuída a Napoleão Bonaparte)

O principal a lembrar é que o principal é o principal.

BRIGADEIRO-GENERAL GARY E. HUFFMAN

Simples pode ser mais difícil que complexo: é preciso se esforçar muito para deixar seu pensamento claro de modo a torná-lo simples. Mas no fim vale a pena, porque depois de chegar lá você pode mover montanhas.

STEVE JOBS, fundador da Apple (1955-2011),
citado na *BusinessWeek*, maio de 1998

Dez minutos não são apenas um sexto de seu salário por hora. Dez minutos são um pedaço de você. Divida sua vida em unidades de dez minutos e sacrifique o menor número possível delas em atividades sem sentido.

INGVAR KAMPRAD, fundador da Ikea (1926-)

Nunca atenda o telefone de outra pessoa.

MARK MCCORMACK, escritor (1930-2003),
What You'll Never Learn on the Internet (2001)

Não se preocupe com suas imperfeições físicas. Não sou nenhum deus grego. Não durma demais e não conte seus problemas a ninguém. Aparências importam: adquira uma lâmpada de bronzear e dê sempre a impressão de estar voltando de um lugar caro; mantenha um endereço elegante, mesmo que precise morar no sótão. Nunca se aperte quando estiver com pouco dinheiro. Tome grandes quantias emprestadas, mas pague prontamente.
ARISTÓTELES ONASSIS, magnata armador (1906-75)

Se não estiver confuso, não está prestando atenção.
TOM PETERS, escritor (1942-)

Quero compartilhar uma coisa com você:
as três pequenas frases que serão a salvação da sua vida.
Número 1: Me dá cobertura. Número 2: Oh, boa ideia, chefe!
Número 3: Era assim quando eu cheguei aqui.
HOMER SIMPSON, personagem em *Os Simpsons* (série de TV americana)

Filho, trate de estabelecer para si metas tão elevadas que
você não possa alcançá-las em uma só vida. ...
Cometi o erro de estabelecer para mim metas baixas demais
e agora estou tendo dificuldade em inventar novas.
ROBERT TURNER, pai de Ted Turner, magnata da mídia

Nade contra a corrente. Vá para o lado oposto.
Ignore o saber convencional.
SAM WALTON, fundador do Walmart (1918-82)

“ O conselho diretor

Muita gente está em conselhos porque deseja ter cartões de visitas vistosos.

UTZ FRECHT, citado no *Sunday Times*, outubro de 2000

Diretores em geral são desastrosos em seu efeito sobre gerências jovens. Se não estiverem sob o firme controle do diretor-executivo, cedem a um impulso nervoso: não param de arrancar as flores para ver como as raízes estão crescendo.

ROBERT TOWNSEND, homem de negócios e escritor (1920-98), *Vire a empresa do avesso* (1970)

Nunca pergunte aos membros do conselho o que pensam. Diga-lhes o que vai fazer.

BILL WATKINS, homem de negócios (1953-), *Fortune*, novembro de 2006

Realmente não gosto de cotas na sala do conselho ou no escritório. Companhias vencedoras são meritocracias. Elas praticam a diferenciação, estabelecendo uma clara distinção entre pessoas de desempenho elevado, mediano e inferior. Esse sistema é franco e justo, e é a maneira mais eficaz para uma organização pôr em campo o melhor time.

JACK WELCH, homem de negócios (1935-), *Paixão por vencer* (2005)

“ Consultores e consultoria

Ninguém acreditará que vocês resolveram esse problema num dia só! Passamos meses trabalhando nele. Agora, passem algumas semanas fingindo que estão muito ocupados, e eu os avisarei quando chegar a hora de contar para eles.
MEMORANDO anônimo para o staff numa consultoria de software

Um consultor é um homem enviado depois da batalha para cravar a baioneta nos feridos.
ANÔNIMO

A prova de fogo para um consultor é ser ou não capaz de dizer “Está tudo bem, vamos nos retirar”. Nenhum consultor real é capaz de dizer isso. O que ele fará é lhe vender um projeto que custa o suficiente para eliminar seus lucros num nível tal que exigirá mais consultoria corretiva.
GUY BROWNING, humorista (1964-), *Office Politics* (2006)

Um consultor é alguém que poupa para o cliente quase o bastante para pagar seus honorários.
ARNOLD GLASOW, humorista (1905-98)

Há designações, como “economista”, “prostituta” ou “consultor”, para as quais caracterização adicional não acrescenta informação.
NASSIM NICHOLAS TALEB, escritor (1960-), *The Bed of Procrustes* (2010)

Consultores são pessoas que pedem seu relógio emprestado e lhe dizem que horas são; depois vão embora com seu relógio.
ROBERT TOWNSEND, homem de negócios e escritor (1920-98)

“ Consumismo

O casamento de razão e pesadelo que dominou o século XX gerou um mundo ainda mais ambíguo. Em toda a paisagem da comunicação movem-se os espectros de tecnologias sinistras e os sonhos que o dinheiro pode comprar. Sistemas de arma termonucleares e comerciais de refrigerantes coexistem num domínio superiluminado governado por publicidade e pseudoeventos, ciência e pornografia. Acima de nossas vidas presidem os grandes *leitmotivs* do século XX – sexo e paranoia.
J.G. BALLARD, escritor (1930-2009), *Crash* (1973)

Tipicamente entendemos mal o que há de errado no consumismo. Não é o fato de nos fazer amar demais coisas materiais. Para ser um bom consumidor, você tem de desejar ter muitas coisas, mas não deve amar demais nenhuma delas depois que as adquire. O consumismo precisa de crianças que não fiquem apegadas a seus brinquedos por muito tempo e aprendam a esperar a nova rodada de presentes o mais cedo possível.
PHILLIP CAREY, escritor, *Good News for Anxious Christians* (2010)

Em toda parte, da cultura popular ao sistema publicitário, há constante pressão para fazer as pessoas sentirem que são impotentes, que o único papel que podem ter é o de ratificar decisões e consumir.

NOAM CHOMSKY, linguista (1928-)

Depois de abertos, os presentes de Natal Não São Tão Interessantes como eram enquanto estávamos no processo de examiná-los, levantá-los, sacudi-los, pensar sobre eles e abri-los. Trezentos e sessenta e cinco dias depois, tentamos de novo e descobrimos que a mesma coisa aconteceu. Cada vez que a meta é alcançada, ela se torna Não Tão Interessante, e partimos em busca da próxima, depois a próxima, depois a próxima.

BENJAMIN HOFF, escritor (1946-), *O Tao do Pooh* (1982)

Raramente consideramos quanto de nossas vidas temos de entregar em troca de algum objeto que pouco desejamos, de que raramente precisamos, e só compramos porque foi posto diante de nós.

FERENC MÁTÉ, escritor (1945-), *A Reasonable Life* (1993)

O consumidor não é um idiota; ele é a sua mulher.

DAVID OGILVY, executivo publicitário (1911-99), *Confissões de um publicitário* (1961)

Serão essas coisas de fato melhores que aquelas que eu já tenho? Ou estou apenas treinado a ficar insatisfeito com o que tenho agora?

CHUCK PALAHNIUK, escritor (1962-), *Cantiga de ninar* (2002)

Somos consumidores. Somos subprodutos da obsessão de um estilo de vida. Assassinato, crime, pobreza, essas coisas não me dizem respeito. O que me interessa são revistas de celebridades, televisão com quinhentos canais, o nome de um sujeito na minha roupa de baixo.

CHUCK PALAHNIUK, *Clube da luta* (1966)

Consumismo: uma política de impor ônus regulatórios à produção que restringe a renda dos trabalhadores, impedindo-os de comprar as coisas que desejam mas não são boas para eles.

HERBERT STEIN (1916-99), *New York Times Magazine*, 1979

“ Contadores e contabilidade

Quando você comete o erro de adicionar a data ao lado direito da declaração contábil, convém adicioná-la ao lado esquerdo também.

ANÔNIMO

O termo “lucros” passa uma ideia de algo preciso. E, quando um número referente a lucros é acompanhado pelo certificado de um auditor incompetente, um leitor ingênuo poderia julgá-lo comparável em certeza ao número pi calculado até dezenas de casas decimais. Na realidade, contudo, lucros podem ser tão maleáveis quanto massa de vidraceiro quando um charlatão está à frente da companhia que os relata.

WARREN BUFFETT, investidor (1930-),
carta aos acionistas da Berkshire Hathaway

Ouça, sr. Anchovy, segundo este relatório você é uma pessoa extremamente maçante. Nossos especialistas o descrevem como um sujeito espantosamente chato, desprovido de imaginação, tímido, sem iniciativa, covarde, facilmente dominável, sem nenhum senso de humor, entediante, irremediavelmente apagado e desagradável. Mas, se na maioria das profissões esses atributos seriam consideráveis inconvenientes, em contabilidade eles são uma vantagem inquestionável.

JOHN CLEESE, comediante (1939-), "Vocational Guidance Counsellor", esquete do *Monty Python* (série de TV britânica, 1969)

Um contador candidatou-se a um emprego. O entrevistador perguntou-lhe: "Quanto é dois mais dois?" O contador levantou-se de sua cadeira, foi até a porta, fechou-a, depois voltou e sentou. Debruçando-se sobre a mesa, perguntou em voz baixa: "Quanto você quer que seja?"

PIADA

Orçamento: uma confirmação matemática de suas suspeitas.

A.A. LATIMER, escritor

Contabilidade e controle – essas são as duas coisas mais necessárias para a atividade tranquila, o funcionamento adequado, da primeira fase da sociedade comunista.

VLADIMIR LÊNIN, líder russo (1870-1924), *O Estado e a revolução* (1917)

Não preciso de guarda-costas, mas tenho uma necessidade muito específica de dois contadores públicos extremamente bem-preparados.
ELVIS PRESLEY, músico (1935-77)

Exigências de um orçamento equilibrado têm mais probabilidade de produzir engenhosidade contábil que orçamentos genuinamente equilibrados.
THOMAS SOWELL, economista (1930-)

Contas

Sempre podemos ser gratos por alguma coisa. Se você não pode pagar suas contas, pode ser grato pelo fato de não ser um dos seus credores.
ANÔNIMO

Canto, dança, vinho, música, histórias do persa,
Todos passatempos inocentes em que só há belezas;
Mas Lambro tudo via com aversão,
Ao perceber em sua ausência tais despesas,
Pois temia o pior mal de que o homem é capaz,
O grande aumento de suas contas semanais.*
LORD BYRON, poeta (1788-1824), *Don Juan*

* Song, dance, wine, music, stories from the Persian,/ All pretty pastimes in which no offence is;/ But Lambro saw all these things with aversion,/ Perceiving in his absence such expenses,/ Dreading the climax of all human ills,/ The inflammation of his weekly bills.

Uma conta, a propósito, é o mais extraordinário motor de locomotiva que o gênio do homem já produziu. Continuaria funcionando durante a mais longa das vidas, sem parar uma só vez por si.

CHARLES DICKENS, escritor (1812-70), *As aventuras do sr. Pickwick* (1836-37)

Só não pagando nossas contas podemos ter esperança de viver na memória das classes comerciais.

OSCAR WILDE, escritor (1854-1900)

Contratação

Nunca contrate alguém que saiba menos do que você sobre aquilo que está sendo contratado para fazer.

MALCOLM FORBES, homem de negócios (1919-90)

Se você tiver uma rotatividade de menos de 10%, há um problema. E se tiver uma maior que, digamos, 20%, há um problema.

WILLIAM MCGOVERN, escritor

Quando alguém é nomeado chefe de um escritório na cadeia Ogilvy & Mather, eu lhe envio uma boneca Matrioshka de Gorky. Se ele tiver a curiosidade de abri-la, e continuar abrindo até chegar à menor boneca, encontrará esta mensagem: Se cada um de nós contratar pessoas menores do que somos, acabaremos nos tornando uma companhia de anões. Mas, se cada um de nós

contratar pessoas maiores do que somos, vamos nos tornar uma companhia de gigantes.
DAVID OGILVY, executivo publicitário (1911-99), *A publicidade segundo Ogilvy* (1983)

Contrate caráter. Treine habilidade.
PETER SCHULTZ, inventor (1942-)

“ Convenções

Convenções são o equivalente, no mundo dos negócios, a sair para comer um curry: todo mundo pensa que o convite é uma ideia fantástica, mas você sempre acaba bebendo demais, falando bobagem e sentindo-se mal por vários dias depois.
GUY BROWNING, humorista (1964-) *Office Politics* (2006)

Nenhuma grande ideia nasceu algum dia numa convenção, mas uma porção de ideias tolas morreu ali.
F. SCOTT FITZGERALD, escritor (1896-1940), carta a France Fitzgerald

“ Corporações

Corporação: um Estado totalitário em miniatura governado por uma hierarquia de autoridades não eleitas que veem com maus olhos o individualismo, a liberdade de expressão, a igualdade e os intelectuais. A espinha dorsal de todas as democracias ocidentais.
RICK BAYAN, escritor (1950-), *The Cynic's Dictionary* (1998)

Uma corporação realmente parece uma família. ... Um viveiro de paixão, rivalidade e sonhos que constroem ou destroem carreiras.

PAULA BERNSTEIN, escritora, *Family Ties, Corporate Bonds* (1985)

Esperávamos construir uma companhia pequena e lucrativa; e, é claro, o que fizemos foi construir uma grande e deficitária.

JEFF BEZOS, fundador da Amazon (1964-), entrevistado em 2000

Corporação: um engenhoso invento para obter lucro sem responsabilidade individual.

AMBROSE BIERCE, satirista (1842-1914), *O dicionário do diabo* (1911)

A IBM é como as *Mulheres perfeitas*. Pega as melhores pessoas das melhores universidades e faculdades e depois corta fora alguma parte de seus cérebros para que se tornem clones irracionais.

BILL CAMPBELL, presidente da Intuit, citado em *Giant Killers*, de Geoffrey James (1998)

Acredito em Deus, na família e no McDonald's,
e no escritório essa ordem é invertida.

RAY KROC, fundador do McDonald's (1902-1984), *Deu certo!* (1977)

As organizações são definidas de dentro para fora:
elas são descritas por quem presta contas a quem,
por departamentos, processos, matrizes e regalias.
Uma empresa, por outro lado, é definida a partir de fora
por mercados, fornecedores, clientes e concorrentes.

THOMAS STEWART, consultor, *Capital intelectual* (1997)

As organizações são como otários estimulados por cafeína correndo para trás sem perceber; a gente só ouve falar dos poucos que chegam a seu destino.

NASSIM NICHOLAS TALEB, escritor (1960-), *The Bed of Procrustes* (2010)

Três maçãs mudaram o mundo: a primeira seduziu Eva, a segunda caiu na cabeça de Newton e a terceira foi oferecida ao mundo já mordida por Steve Jobs.

USUÁRIO DO TWITTER ao ter notícia da morte de Steve Jobs, 2011

“ Crédito

Se você tiver de provar que merece seu crédito, ele já desapareceu.

WALTER BAGEHOT, homem de negócios, escritor e um dos primeiros editores da *Economist* (1826-77)

Nada cimenta e mantém coesas todas as partes de uma sociedade tanto quanto a fé ou o crédito, que nunca podem ser mantidos a menos que homens estejam sob alguma força ou necessidade de pagar honestamente o que devem uns aos outros.

MARCO TÚLIO CÍCERO, filósofo (106-43 a.C.)

Negócios? Isso é muito simples: é o dinheiro dos outros.

ALEXANDRE DUMAS, escritor e dramaturgo (1824-95), *La question d'argent*

Só os pobres podem pagar à vista, e isso não por virtude, mas porque não lhes dão crédito.

ANATOLE FRANCE, escritor (1844-1924)

Sou um homem extremamente infeliz. Por inadvertência, arruinei o meu país. Uma grande nação industrial é controlada por seu sistema de crédito. Nosso sistema de crédito está concentrado. O crescimento da nação, portanto, e de todas as nossas atividades, está nas mãos de poucos. Não mais um governo por livre opinião, não mais um governo por convicção e voto da maioria, mas um governo pela opinião e coerção de um pequeno grupo de homens dominantes.

WOODROW WILSON, presidente dos Estados Unidos (1856-1924), no Federal Reserve Act, 1913

“ Crescimento

O dinheiro ganho com desonestidade diminuirá,
mas quem o acumula aos poucos terá cada vez mais.

BÍBLIA, Provérbios 13:11

Quem quer que acredite que crescimento exponencial pode continuar para sempre num mundo finito é louco ou economista.

KENNETH BOULDING, economista (1910-93)

Sem crescimento e progresso contínuo, palavras como melhoria, realização e sucesso não têm nenhum sentido.

BENJAMIN FRANKLIN, polímata (1705-90)

Grandes coisas não acontecem apenas por impulso;
elas são uma sucessão de pequenas coisas encadeadas.

VINCENT VAN GOGH, artista (1853-90),
carta a Theo van Gogh, outubro de 1882

Pense e aja grande e diminua, ou pense e aja pequeno e cresça.

HERB KELLEHER, fundador da Southwest Airlines (1931-), citado no USA *Today*, junho de 1994

Os mansos herdarão a terra, mas nunca aumentarão sua fatia de mercado.

WILLIAM MCGOVAN, empresário (1927-92)

A rosa "American Beauty" pode ser produzida no esplendor e fragrância, que levam alegria a quem a contempla, apenas sacrificando-se os primeiros botões que crescem à sua volta. Essa não é uma tendência maligna nos negócios. É apenas o resultado de uma lei da natureza e uma lei de Deus.

JOHN D. ROCKEFELLER JUNIOR, industrial (1874-1960), citado em *The History of the Standard Oil Company*, de Ida Tarbell (1904)

Criatividade

Criatividade é permitir cometer erros.
Arte é saber quais deles conservar.

DILBERT, quadrinhos

Se déssemos ouvidos a nosso intelecto, nunca teríamos um caso de amor. Nunca teríamos uma amizade. Nunca entraríamos num negócio, porque seríamos céticos demais. Bem, isso é tolice. Temos de saltar de penhascos o tempo todo e construir nossas asas durante a descida.

ANNIE DILLARD, escritora (1945-)

Pode haver tanto valor no piscar de um olho quanto em meses de análise racional.

MALCOLM GLADWELL, escritor (1963-), *Blink* (2005)

Serviço é o que você faz quando lhe dizem o que fazer. Serviço é comparecer na fábrica, seguir instruções, atender a especificações e ser gerenciado. Alguém sempre pode fazer o seu serviço um pouco melhor que você, ou mais depressa, ou a um custo menor. O serviço pode ser difícil, pode requerer habilidade, mas é um serviço. Sua arte é o que você faz quando ninguém lhe diz exatamente como fazê-lo. Sua arte é o ato de assumir responsabilidade pessoal, contestar o status quo e mudar pessoas. Chamo o processo de fazer a própria arte de "o trabalho". É possível ter um serviço e fazer o trabalho também. Na verdade, é assim que você se torna um elemento decisivo. O serviço não é o trabalho.

SETH GODIN, empresário (1960-), *Você é indispensável?* (2010)

A diferença entre um homem criativo de primeira categoria e um escritor comercial é a capacidade de exprimir significados poderosos indiretamente.

VANCE PACKARD, escritor (1914-96)

Concorrência é um subproduto do trabalho produtivo, não seu objetivo. Um homem criativo é motivado pelo desejo de realizar, não pelo desejo de derrotar outros.

AYN RAND, escritora (1905-82), *A revolta de Atlas* (1957)

Os grandes criadores – os pensadores, os artistas, os cientistas, os inventores – ficaram sozinhos contra os homens de seu tempo. Todo grande pensamento foi combatido. Toda grande invenção foi censurada. O primeiro motor foi considerado tolice. O avião foi considerado impossível. O tear mecânico foi considerado cruel. A anestesia foi considerada pecaminosa. Mas os homens de visão original foram em frente. Eles lutaram, sofreram e pagaram. Mas venceram.
AYN RAND, *A revolta de Atlas*

Ideias são como coelhos. Você compra um casal, aprende a lidar com eles e logo tem uma dúzia.
JOHN STEINBECK, escritor (1902-1968), *Conversations with John Steinbeck*, organizado por Thomas Fensch (1988)

Algo que rapidamente está se tornando um elemento básico na vida da empresa é a reunião voltada especificamente para a criação de ideias. Isso é uma fraude. Grande parte dessa elaboração de alta pressão – máxima eficiência, criação em voz alta, *brainstorming* e assim por diante – é muito provocativa, mas, se é estimulante, é estimulante de maneira muito parecida com o álcool. Depois que o brilho de uma sessão desse tipo desaparece, o resíduo de ideias em geral revela-se um denominador comum atualizado com que todos se sentem aliviados em concordar – e se há uma nova ideia, em geral você descobre que ela veio de um capital de ideias já cuidadosamente considerado, por um indivíduo, e talvez mantido sob custódia até que chegasse o momento de introduzi-lo ... Se todos os membros quiserem

simplesmente fazer o que o grupo quer fazer,
o grupo não fará coisa alguma.
WILLIAM WHYTE, escritor (1917-99), *The Organization Man* (1956)

“ Crime

É muito mais seguro roubar grandes somas com uma caneta do que pequenas somas com um revólver.
WARREN BUFFETT, investidor (1930-), *Os ensaios de Warren Buffett* (1998)

Sou como qualquer outro homem.
O que faço é apenas atender a uma demanda.
AL CAPONE, gângster (1899-1947)

Por que a maconha é ilegal? Não seria porque qualquer um pode cultivá-la, não podendo portanto lucrar com ela?
BILL HICKS, comediante (1961-94)

Um criminoso é uma pessoa com instintos predatórios
sem capital suficiente para formar uma corporação.
HOWARD SCOTT, economista (1926-)

Não gosto de violência, Tom. Sou um homem de negócios;
sangue custa muito caro.
SOLLOZZO, personagem em *O poderoso chefão* (filme, 1972)

Crises financeiras

Não existem ateus em trincheiras, nem ideólogos em crises financeiras.

BEN BERNANKE, economista (1953-), presidente do US Federal Reserve (2008)

Quando ouço falar em "muralha da China" [para proteger as informações sobre os clientes], penso: "Você é um puta mentiroso."

VINCENT DANIEL, administrador de fundos hedge, citado em *A jogada do século* (2010)

Quando uma briga estoura num bar, você não acerta o homem que a iniciou. Você bate no sujeito de quem não gosta.

ADMINISTRADOR DE FUNDOS, citado na *Economist*, novembro de 2009

É possível estar aterrorizado e entediado ao mesmo tempo?

PAUL KRUGMAN, economista (1953-), comentando a crise financeira, *Huffington Post*, setembro de 2011

Tudo em retrospecto é óbvio. Mas, se tudo fosse óbvio, autores de histórias de insensatez financeira estariam ricos.

MICHAEL LEWIS, escritor (1960-), *Pânico* (2008)

“ Cultura

As culturas empresariais são como as dos países. Nunca tente mudar uma delas. Em vez disso, trabalhe com a que você tem.
PETER DRUCKER, escritor (1909-2005)

A cultura de uma empresa está muitas vezes tão profundamente embutida em rituais, suposições, atitudes e valores que só se torna transparente para os membros de uma organização quando, por alguma razão, se altera.
ROB GOFFEE, acadêmico

“ Custos

Fique de olho nos custos, e os lucros cuidarão de si mesmos.
ANDREW CARNEGIE, homem de negócios (1835-1919)

A coisa mais importante a lembrar com relação a qualquer empreendimento é que resultados existem apenas do lado de fora. O resultado de uma empresa é um cliente satisfeito. O resultado de um hospital é um paciente curado. O resultado de uma escola é um aluno que aprendeu alguma coisa e a põe em prática dez anos depois. Dentro de uma empresa, há apenas custos.
PETER DRUCKER, escritor (1909-2005), *As novas realidades* (1989)

D

“ Dados, informação e estatísticas

Há uma profunda diferença entre informação e significado.
WARREN BENNIS, acadêmico (1925-2014)

Se você torturar os dados por tempo suficiente, eles confessam.
RONALD COASE, economista (1910-)

A utilidade é nosso slogan nacional; os salvadores do homem de negócios americano são o fato e seu meio-irmão uterino, a estatística.
EDWARD DAHLBERG, escritor (1900-77), *The Carnal Myth* (1968)

Em Deus confiamos; todos os demais devem apresentar dados.
W. EDWARDS DEMING, estatístico (1900-93)

Fatos provenientes do papel não são o mesmo que fatos fornecidos por pessoas. A confiabilidade das pessoas que lhe dão os fatos é tão importante quanto os próprios fatos.
HAROLD GENEEN, homem de negócios (1910-97)

Uma única habilidade cognitiva distingue as pessoas de excelente desempenho da média: reconhecimento de padrões, a reflexão sobre o "quadro geral" que permite aos líderes escolher as tendências significativas a partir do emaranhado de informação à sua volta e pensar estrategicamente a longo prazo.

DANIEL GOLEMAN, psicólogo (1946-), *Inteligência emocional* (1996)

O que você não pode medir, não pode administrar.

DAVID NORTON e ROBERT KAPLAN, *A estratégia em ação* (1996)

A maioria dos analistas superestima a importância da escala e subestima a inércia dos compradores.

RICHARD RUMELT, acadêmico (1942-), *Wall Street Journal*, setembro de 2007

Jamais se tomou uma grande decisão sobre marketing com base em dados qualitativos.

JOHN SCULLEY, homem de negócios (1939-)

Num mundo rico em informação, riqueza de informação significa carência de outra coisa: escassez daquilo, seja o que for, que essa informação consome. O que a informação consome é bastante óbvio: ela consome a atenção de seus receptores. Riqueza de informação gera, portanto, pobreza de atenção, e necessidade de alocar essa atenção eficientemente entre a superabundância de fontes de informação que poderiam consumi-la.

HERBERT SIMON, cientista político (1916-2001), *Designing Organizations for an Information-Rich World* (1971)

Todo raciocínio correto é um grande sistema de tautologias, mas só Deus pode fazer uso direto desse fato.

HERBERT SIMON, "The Natural and Artificial Worlds", *Sciences of the Artificial* (1996)

Os fatos são desprovidos de sentido. É possível usar fatos para provar qualquer coisa, por mais longe que ela esteja da verdade!

HOMER SIMPSON, personagem em *Os Simpsons* (série de TV americana)

Administração científica significa uma constante busca pelos fatos, as verdadeiras realidades, e sua análise inteligente, imparcial. Assim, e de nenhuma outra maneira, as políticas e sua administração são determinadas. Continuo dizendo à General Motors que estamos dispostos a gastar qualquer soma adequada de dinheiro para obter os fatos. Somente por meio de maior conhecimento podemos avançar, e talvez eu devesse dizer sobreviver.

ALFRED SLOAN, industrial (1875-1966), *Adventures of a White Collar Man* (1941)

Delegação

Ninguém fará uma grande empresa se quiser fazê-lo sozinho ou ficar com todo o mérito.

ANDREW CARNEGIE, homem de negócios (1835-1919)

Delegar trabalho funciona, contanto que aquele que delega trabalhe também.

ROBERT HALF, administrador de recursos humanos

“ Demissão

Não pense nisso como uma demissão. Pense que está sendo finalmente reconhecido por sua incompetência.

CHARGE na *New Yorker*, outubro de 2011

As coisas pelas quais você é demitido quando jovem são as mesmas pelas quais ganha prêmios pelo conjunto da obra quando velho.

FRANCIS FORD COPPOLA (1939-), diretor de cinema, entrevista à *Harvard Business Review*, setembro de 2011

O primeiro-ministro não o demitirá após uma semana. Demitido após doze meses, parece que você fez merda. Demitido depois de uma semana, parece que ele fez merda.

MALCOLM TUCKER, personagem em *The Thick of It* (série de TV britânica, 2005)

“ Desemprego

Um homem disposto a trabalhar e incapaz de encontrar trabalho talvez seja a mais triste visão que a desigualdade da sorte exibe sob este sol.

THOMAS CARLYLE, historiador (1795-1881), *Chartism* (1839)

Uma existência ociosa é uma negação da vida pior do que a morte.

JOSÉ ORTEGA Y GASSET, filósofo (1883-1955), *A rebelião das massas* (1930)

O que o país precisa é de algumas invenções que produzam trabalho.
ARNOLD H. GLASOW, humorista (1905-98)

A produção de um número excessivo de coisas úteis
resulta num número excessivo de pessoas inúteis.
KARL MARX, filósofo (1818-83), *Manuscritos econômico-filosóficos* (1844)

Seguro-desemprego são férias pré-pagas para aproveitadores.
RONALD REAGAN, presidente dos Estados Unidos (1911-2004)

Cresci nos anos 1930 com um pai desempregado.
Ele não se revoltava. Montava em sua bicicleta e
procurava trabalho, e continuou procurando até encontrar.
NORMAN TEBBIT, político (1931-), em reação aos motins britânicos de 1981

O problema com o desemprego é que, desde o instante
em que você se levanta de manhã, está no trabalho.
SLAPPY WHITE, comediante (1921-95)

Desenvolvimento

Há alguma razão para temer que o envolvimento de povos
não ocidentais nos conflitos da sociedade industrial, em si
mesma muito atrasada, se dará menos em benefício dos povos
libertados que da produção e das comunicações racionalmente
aperfeiçoadas, e de um padrão de vida modestamente elevado.
THEODOR ADORNO, filósofo (1903-69)

Num país como a Índia, o objetivo de "ajuste estrutural" do projeto de globalização corporativa está destruindo rapidamente a vida das pessoas. Projetos desenvolvimentistas, privatização em massa e "reformas" trabalhistas estão expulsando pessoas de suas terras e tirando seus empregos, o que resulta numa espécie de espoliação bárbara de que há poucos paralelos na história. No mundo todo, à medida que o "livre mercado" protege descaradamente mercados ocidentais e força países em desenvolvimento a suspender suas barreiras comerciais, os pobres estão ficando mais pobres, e os ricos, mais ricos.

ARUNDHATI ROY, escritora (1961-), "Not Again",
The Guardian, setembro de 2002

" Design

Pensamos que o Mac venderá zilhões, mas não fizemos o Mac para mais ninguém. Nós o construímos para nós mesmos. Éramos o grupo de pessoas que iria julgar se ele era ótimo ou não. Não iríamos sair para fazer pesquisa de mercado. Queríamos simplesmente construir a melhor coisa que pudéssemos. Quando você é um carpinteiro fazendo uma bonita cômoda, não vai usar uma peça de madeira compensada na parte de trás, mesmo que ela fique virada para a parede e jamais alguém vá vê-la. Você saberia que ela está lá, por isso vai usar uma bela peça de madeira na parte de trás. Para você dormir bem à noite, a estética, a qualidade, tem de ser mantida ao longo de todo o processo.

STEVE JOBS, fundador da Apple (1955-2011),
citado na revista *Playboy*, fevereiro de 1985

Design é uma palavra engraçada. Alguns pensam que ela significa a aparência. Mas, é claro, se formos um pouco mais fundo, ela tem a ver com o modo como a coisa funciona. O design do Mac não era só sua aparência, embora isso fosse parte dele. Para projetar alguma coisa realmente bem, você precisa entendê-la. Precisa sacar de fato exaustivamente tudo que ela envolve. Isso requer um entusiasmo apaixonado por compreender uma coisa inteiramente, mastigá-la bem, não apenas engoli-la às pressas. A maioria das pessoas não se dá ao trabalho de fazer isso.

STEVE JOBS, citado na revista *Wired*, outubro de 1996

Bom design não pode consertar modelos de empresa com defeito.

JEFFREY VEEN, homem de negócios, *Designing the Friendly Skies*, junho de 2006

Desonestidade

O segredo de grandes fortunas sem causa aparente é um crime esquecido, porque foi bem feito.

HONORÉ DE BALZAC, escritor (1799-1850), *O pai Goriot* (1835)

Já ouvi vasta quantidade de tolices sobre o fato de homens maus não nos olharem nos olhos. Não confie nessa ideia convencional. A desonestidade vai encarar a honestidade a ponto de desconcertá-la em qualquer momento, se tiver alguma coisa a ganhar com isso.

CHARLES DICKENS, escritor (1812-70), "Hunted Down" (1859)

O mercado é um lugar especial onde os homens podem enganar uns aos outros.
DIÓGENES LAÉRCIO, biógrafo (c.300), *Sócrates, seus predecessores e seguidores*

Deixe-me lhe dar uma dica sobre o caráter dos homens; o homem que maldiz o dinheiro o obteve desonestamente; o homem que o respeita, conquistou-o.
AYN RAND, escritora (1905-82), *A revolta de Atlas* (1957)

Nos negócios, o cara tem de mentir e trapacear, mas chama isso de outra coisa. Isso é que é importante. Se você rouba aquele pneu, você é um ladrão, mas ele tentou roubar quatro dólares seus por um pneu furado. Chamam isso de negócio legítimo.
JOHN STEINBECK, escritor (1902-68), *As vinhas da ira* (1939)

Há três maneiras de ganhar a vida neste negócio: chegar primeiro, ser mais esperto ou trapacear.
JOHN TULD, personagem em *Margin call* (filme, 2011)

Dinheiro

O dinheiro é um péssimo patrão, mas um excelente criado.
P.T. BARNUM, *showman* (1810-91)

Ninguém pode servir a dois senhores, pois odiará um e amará o outro, se dedicará a um e desprezará o outro. Não podeis servir a Deus e ao dinheiro.

BÍBLIA, Mateus, 6:24

O momento mais feliz na vida de um homem é quanto ele está na cola de um dólar com razoável possibilidade de ultrapassá-lo.

JOSH BILLINGS, humorista (1818-85)

Negócios são um bom jogo – muita competição e o mínimo de regras. Contam-se os pontos com dinheiro.

NOLAN BUSHNELL, fundador da Atari (1943-)

É uma espécie de esnobismo espiritual que faz as pessoas pensarem que podem ser felizes sem dinheiro.

ALBERT CAMUS, filósofo e escritor (1913-60)

O dinheiro não fala, ele xinga.

BOB DYLAN, músico (1941-), *It's Alright Ma (I'm Only Bleeding)*

O dinheiro não é a virtude das donzelas, é a moeda das prostitutas.

JOHN GAHERIN, advogado (1914-2000)

O que merece ser feito merece ser feito por dinheiro.

GORDON GEKKO, personagem em *Wall Street* (filme, 1987)

O amor ao dinheiro como posse – em contraposição ao amor ao dinheiro como meio para alcançar os prazeres e realidades da vida – será reconhecido pelo que é, uma morbidez um tanto repugnante, uma dessas propensões semicriminosas, semipatológicas que entregamos com um arrepio aos especialistas em doença mental.
JOHN MAYNARD KEYNES, economista (1883-1946), "The Future", *Essays in Persuasion* (1923)

O principal valor do dinheiro reside no fato de vivermos num mundo em que ele é superestimado.
H.L. MENCKEN, escritor (1880-1956), *A Mencken Chrestomathy* (1916)

Se o homem quer ganhar dinheiro, é ganancioso; se o guarda, é um capitalista; se o gasta, é um playboy; se não consegue ganhá-lo, é um inútil; se não tenta ganhá-lo, carece de ambição. Se o ganha sem trabalhar, é um parasita; e se o acumula ao longo de uma vida inteira de trabalho árduo, é considerado um tolo que nunca soube aproveitar a vida.
VIC OLIVER, comediante (1898-1964)

Então você pensa que o dinheiro é a raiz de todo o mal? Já perguntou algum dia qual é a raiz do dinheiro? O dinheiro é um instrumento de troca, que não pode existir a menos que haja bens produzidos e homens capazes de produzi-los. O dinheiro é a forma material do princípio segundo o qual homens desejosos de negociar uns com os outros devem fazê-lo por meio de troca e dar valor por valor. O dinheiro não é instrumento dos vadios, que reivindicam seu produto com lágrimas, ou dos saqueadores, que o arrancam de você à força. O dinheiro só se torna possível graças a homens que o produzem. É isso que você considera mau?

AYN RAND, escritora (1905-82), *A revolta de Atlas* (1957)

Não tenho conhecimento de nada tão desprezível e patético quanto um homem que dedica todas as horas que passa acordado a ganhar dinheiro por amor ao dinheiro.

JOHN D. ROCKEFELLER, industrial (1839-1937)

Não é a criação de riqueza que é errada,
é o amor ao dinheiro pelo dinheiro.

MARGARET THATCHER, primeira-ministra britânica (1925-2013)

Ninguém se lembraria do Bom Samaritano se ele tivesse apenas boas intenções; ele tinha dinheiro também.

MARGARET THATCHER

Quando um sujeito diz que não é pelo dinheiro,
mas pelo princípio da coisa, é pelo dinheiro.

ARTEMUS WARD, humorista (1834-67)

Disciplina

Trabalhe quando está trabalhando, brinque quando está brincando – essa é uma regra básica de autodisciplina repressiva.

THEODOR ADORNO, filósofo (1903-69)

“ Diversão

Os negócios são mais empolgantes que qualquer jogo.
LORD BEAVERBROOK, magnata (1879-1964)

Ideias criativas florescem melhor numa oficina que preserva algum espírito lúdico. Ninguém está nos negócios por diversão, mas isso não significa que não possa haver diversão nos negócios.
LEO BURNETT, executivo publicitário (1891-1971)

Quero deixar uma marca no universo.
STEVE JOBS, fundador da Apple (1955-2011)

Os homens sempre tentam manter as mulheres fora dos negócios para que não descubram como eles são divertidos.
VIVIEN KELLEMS, industrial (1896-1975), citada em *Women can be Engineers*, de Alice Goff (1946)

“ Diversidade

Diversidade e independência são importantes porque as melhores decisões coletivas são fruto da discordância e da controvérsia, não do consenso ou do acordo.
JAMES SUROWIECKI, escritor (1976-), *A sabedoria das multidões* (2004)

“ Dívida

Dívida: um engenhoso substituto para os grilhões
e o chicote do feitor.

AMBROSE BIERCE, satirista (1842-1914), *O dicionário do diabo* (1911)

Renda anual vinte libras, gasto anual dezenove libras, dezenove xelins e seis *pence*, resultado felicidade. Renda anual vinte libras, gasto anual vinte libras e seis *pence*, resultado sofrimento. A flor adoece, a folha murcha, o deus do dia cai sobre a cena sombria, e – e em poucas palavras você está derrubado para sempre.

CHARLES DICKENS, escritor (1812-70), *David Copperfield* (1849-50)

Um homem com saldo pode controlar as circunstâncias. Um homem sem saldo é controlado por elas, e com frequência não tem oportunidade de fazer julgamentos.

HARVEY FIRESTONE, homem de negócios (1868-1938)

E

“ Economia

A matemática trouxe rigor para a economia.
Infelizmente, trouxe também *mortis*.
KENNETH BOULDING, economista (1910-93)

Economistas são como computadores.
É preciso enfiar os fatos neles.
KENNETH BOULDING

Em toda a história registrada nunca houve um economista que tivesse de se preocupar com o lugar de onde viria a próxima refeição.
PETER DRUCKER, escritor (1909-2005)

Há 10^{11} estrelas na galáxia. Antigamente isso era um número enorme. Mas é somente 100 bilhões. É menos do que o déficit nacional. Costumávamos chamar essas quantidades de números astronômicos. Agora deveríamos chamá-las de números econômicos.
RICHARD FEYNMAN, cientista (1918-88)

A curiosa tarefa da economia é demonstrar para
os homens quão pouco eles realmente sabem
sobre o que imaginam poder planejar.

FRIEDRICH HAYEK, economista (1899-1992), *A arrogância fatal*, organizado por W.W. Bartley (1988)

O longo prazo é um guia enganoso para questões do momento. A longo prazo estaremos todos mortos. Os economistas estabelecem para si uma tarefa fácil demais, inútil demais se nas estações tempestuosas só puderem nos dizer que quando a tempestade tiver passado o oceano ficará calmo de novo.

JOHN MAYNARD KEYNES, economista (1883-1946), *A Tract on Monetary Reform* (1923)

Se os economistas conseguissem ser vistos como pessoas humildes, competentes, no mesmo plano que os dentistas, seria esplêndido.

JOHN MAYNARD KEYNES, "The Future", *Essays on Persuasion* (1931)

Homens práticos, que supõem estar inteiramente isentos de qualquer influência intelectual, são em geral os escravos de algum economista defunto. Loucos investidos de poder, que ouvem vozes no ar, estão destilando seu frenesi de algum escrevinhador de anos atrás.

JOHN MAYNARD KEYNES, *Teoria geral do emprego, do juro e da moeda* (1936)

Se todos os economistas fossem postos lado a lado,
nunca chegariam a uma conclusão.

GEORGE BERNARD SHAW, dramaturgo (1856-1950)

Assim, uma vez que cada indivíduo se esforça tanto quanto pode para empregar seu capital no apoio à indústria doméstica, e para dirigir essa indústria de tal modo que seu produto possa ser do maior valor; todo indivíduo trabalha necessariamente para tornar a renda anual da sociedade a maior que pode. Em geral, de fato, ele nem pretende promover o interesse público, nem sabe em que medida o está promovendo. Ao preferir apoiar a indústria doméstica em detrimento da estrangeira, visa apenas à sua própria segurança; e ao dirigir essa indústria de tal maneira que seu produto possa ser do maior valor, mira apenas o seu próprio ganho, e nisso, como em muitas outras coisas, é levado por uma mão invisível a promover um fim que não era parte de sua intenção. Tampouco é sempre pior para a sociedade que ele não faça parte dela. Ao perseguir seu próprio interesse o indivíduo muitas vezes promove o da sociedade mais efetivamente do que quando de fato pretende promovê-lo. Eu nunca conheci realizações que tenham sido feitas por aqueles intencionados a negociar em prol do bem público. Na verdade, é uma predisposição não muito comum entre comerciantes, e muito poucas palavras precisam ser empregadas para dissuadi-los dela.
ADAM SMITH, economista (1723-90), *A riqueza das nações* (1776)

Sempre que há grande propriedade, há grande desigualdade.
ADAM SMITH, *A riqueza das nações* (1776)

A primeira lição da economia é escassez: nunca há o suficiente de coisa alguma para satisfazer plenamente todos que a querem. A primeira lição da política é desconsiderar a primeira lição da economia.
THOMAS SOWELL, economista (1930-), *Is Reality Optional? and Other Essays* (1993)

“ Educação

As universidades compartilham uma característica com os jogadores compulsivos e os membros de famílias reais exilados: nunca há dinheiro que chegue para satisfazer aos seus desejos.

DEREK BOK, ex-presidente da Universidade Harvard (1930-)

Se você pensa que educação custa caro, tente a ignorância.

DEREK BOK

A única coisa nas faculdades não atolada na tradição é o preço.

BEN WILDAVSKY, acadêmico, citado na *Economist*, julho de 2011

“ Egolatria

É possível, nunca se sabe, que o universo exista só para mim. Nesse caso, ele está sem dúvida sendo bom para mim, devo admitir.

BILL GATES, fundador da Microsoft (1955-),
citado na revista *Time*, janeiro de 1997

A pior doença que pode acometer executivos em seu trabalho não é o alcoolismo, como em geral se supõe; é a egolatria.

HAROLD GENEEN, homem de negócios (1910-97)

“ Empreendedores e empreendedorismo

Não somos uma sociedade de oportunidades perfeitas nos Estados Unidos. Mas, se quisermos nos aproximar desse ideal, devemos definir equidade como meritocracia, abraçar um sistema que recompense o mérito, e trabalhar incansavelmente por oportunidades verdadeiramente iguais. O sistema que torna isso possível, é claro, é a livre-iniciativa. Quando trabalho mais arduamente ou por mais tempo no sistema de livre empresa, em geral ganho mais do que se trabalhasse menos na mesma tarefa. Investimentos em minha educação traduzem-se em recompensas do mercado. Ideias inteligentes em geral colhem mais recompensas do que más ideias, quando julgadas não por um politburo, mas por cidadãos no mercado.

ARTHUR BROOKS, cientista social, *Washington Post*, abril de 2011

A maioria dos empreendedores fracassa porque está trabalhando EM sua empresa, em vez de trabalhar A sua empresa.

MICHAEL GERBER, escritor, *O mito do empreendedor* (1990)

O empreendedor em nós vê oportunidades para onde quer que olhemos, mas muitas pessoas veem apenas problemas para onde quer que olhem. O empreendedor em nós está mais preocupado em discriminar oportunidades do que em deixar de vê-las.

MICHAEL GERBER, *O mito do empreendedor* (1990)

Estamos tão imbuídos dos mitos do melhor, do mais brilhante e do *self-made* que os desvios extremos em relação à média nos

parecem brotar naturalmente da terra. Olhamos para Bill Gates e nos admiramos por nosso mundo ter permitido que um menino de treze anos se tornasse um empreendedor fabulosamente bem-sucedido. Mas essa é a lição errada. Nosso mundo apenas concedeu a um menino de treze anos acesso irrestrito a um terminal de tempo compartilhado em 1968. Se a mesma oportunidade tivesse sido dada a um milhão de adolescentes, quantas outras Microsofts teríamos hoje? Para construir um mundo melhor, precisamos substituir a colcha de retalhos de golpes de sorte e vantagens arbitrárias que hoje determina o sucesso – o nascimento afortunado e os acidentes felizes da história – por uma sociedade que proporcione oportunidades a todos.
MALCOLM GLADWELL, escritor (1963-), *Fora de série* (1976)

Eu disse a meus filhos, quando estavam deixando a escola, que fariam bem se procurassem clientes, não patrões.
CHARLES HANDY, escritor (1932-), *The Empty Raincoat* (1994)

Um gênio é um homem que pega os limões que a Sorte lhe dá e com eles abre uma barraquinha de limonada.
ELBERT HUBBARD, filósofo (1856-1915), citado em *Reader's Digest*, outubro de 1927

Creio que um empreendedor é capaz de reconhecer outro a trezentos metros de distância num dia enevoado.
PETER PARKER, homem de negócios (1924-2002)

Se suas aspirações não forem maiores do que seus recursos, você não é um empreendedor.

C.K. PRAHALAD (1941-2010), *Strategy+Business*, 2009

Ninguém fala em empreendedorismo como sobrevivência, mas é exatamente isso que ele é e o que alimenta o pensamento criativo. Dirigir aquela primeira loja ensinou-me que negócios não são ciência financeira; é uma questão de negociar: comprar e vender.

ANITA RODDICK, mulher de negócios (1949-2007), citada em *Women at work*, organizado por Anna Maslin (2005)

Meu filho agora é um "empreendedor".
É assim que você é chamado quando está desempregado.

TED TURNER, magnata da mídia (1938-)

Empresa familiar

Não há ninguém que fale mais sobre livre-iniciativa e concorrência e sobre o fato de que o melhor vence do que o homem que herdou a loja ou a fazenda do pai.

C. WRIGHT MILLS, sociólogo (1917-61), *A nova classe média* (1951)

Numa empresa familiar, é a terceira geração que apresenta os grandes problemas. A primeira geração funda a empresa e tem o ímpeto e a dedicação para fazê-la avançar. A segunda vai na onda. A terceira quer fazer sua própria coisa. Eles viram a Broadway; eles tiveram todas as vantagens.

GALE PETRONIS, mulher de negócios

“ Empresas de pequeno e médio porte

Não dance onde os elefantes tocam.
DITADO alemão sobre pequenas empresas

Em suma: cinco epigramas

Adoro prazos finais. Gosto do som sibilante que eles produzem quando vão pelos ares.
DOUGLAS ADAMS

Examinei todos os parques em todas as cidades – e não encontrei nenhuma estátua de comitê.
G.K. CHESTERTON

Repórter: Quais são suas palavras preferidas?
Dorothy Parker: Gosto de “cheque” e “incluído”.

Para todo problema complexo há uma solução simples que está errada.
GEORGE BERNARD SHAW

Só não pagando as nossas contas podemos ter a esperança de viver na memória das classes comerciais.
OSCAR WILDE

“ Equilíbrio trabalho-vida

Há tempo para trabalhar e tempo para amar.
Isso não deixa tempo para mais nada.

COCO CHANEL, estilista de moda (1883-1971)

Quantas pessoas em seu leito de morte lamentam
não ter passado mais tempo no escritório?

STEPHEN COVEY, escritor (1932-), *First Things First* (1994)

Total compromisso com a família e total compromisso
com a carreira é possível, mas cansativo.

MURIEL FOX, mulher de negócios, citada em *New Woman*, outubro de 1972

Ninguém será enterrado com o epitáfio:
“Ele maximizou o valor para os acionistas.”

JOHN KAY, economista (1948-), *A beleza da ação indireta* (2011)

Nenhum homem saboreia prazeres verdadeiramente,
se não os tiver ganhado por trabalho anterior;
e poucos trabalham bem, se não fazem mais nada.

PHILIP DORMER STANHOPE, 4º conde de Chesterfield (1694-1773), carta a seu filho

A perpétua devoção ao que um homem chama de seu
negócio só pode ser sustentada pela perpétua negligência
de muitas outras coisas.

ROBERT LOUIS STEVENSON, escritor (1850-94), *Virginibus Puerisque* (1881)

Para alívio rápido, tente ir mais devagar.
LILY TOMLIN, atriz (1939-)

Cada vez que você pensa sobre a questão de seu equilíbrio trabalho-vida, lembre-se do que seu chefe tem em mente – e é ganhar. Suas necessidades podem ser ouvidas – e até atendidas a contento –, mas não se as do chefe não forem atendidas também.
JACK WELCH, homem de negócios (1935-), *Paixão por vencer* (2005)

As queixas contumazes sobre trabalho-vida tendem a ser observadas entre pessoas de baixo desempenho.
JACK WELCH, *Paixão por vencer* (2005)

Especialização

Especialista é um homem que cometeu todos os erros que podem ser cometidos num campo muito restrito.
NIELS BOHR, cientista (1885-1962)

Não basta fazer o melhor de que é capaz; você precisa saber o que fazer, e depois fazer o melhor de que é capaz.
W. EDWARDS DEMING, estatístico (1900-93)

Os técnicos respondem a questões de três maneiras: é tecnicamente impossível (querendo dizer: não estou com vontade de fazer isso); depende (querendo dizer: abandone toda a esperança de uma resposta útil); os bits de dados

estão flexionados através de um coletimizador que depura as matrizes de portões de fluxo em elementos de mensagem virtual (querendo dizer: não sei).
DILBERT, quadrinhos

As pessoas que falam muito costumam se expressar melhor do que as que fazem, pois falar é sua especialidade.
THOMAS SOWELL, economista (1930-), *Ever Wonder Why? and Other Controversial Essays* (2006)

Esporte

É só um trabalho. A grama cresce, os passarinhos voam, as ondas quebram na areia. Eu espanco pessoas.
MUHAMMAD ALI, boxeador (1942-)

Vivemos segundo a Regra de Ouro. Quem tem o ouro faz as regras.
BUZZIE BAVASI, técnico de beisebol (1914-2008)

Durante cem anos os proprietários enganaram os jogadores. Durante 25 anos os jogadores enganaram os proprietários – eles têm 75 anos pela frente.
JIM BOUTON, arremessador de beisebol (1939-)

Chamo o tênis de o McDonald's dos esportes – você entra, eles lhe arrancam uma grana rapidamente, e você sai.
PAT CASH, tenista (1965-)

Quando eu tinha um atrito com um jogador, nós nos sentávamos por vinte minutos, conversávamos sobre o problema e depois decidíamos que eu tinha razão.
BRIAN CLOUGH, técnico de futebol (1935-2004)

Roma não foi construída num dia. Mas eu não participei daquele trabalho específico.
BRIAN CLOUGH

Os negócios são uma combinação de guerra e esporte.
ANDRÉ MAUROIS, escritor (1885-1967)

Se eu quisesse ter um trabalho fácil, teria ficado no Porto. Bela cadeira azul, o troféu da Liga dos Campeões da Uefa, Deus, e depois de Deus, eu.
JOSÉ MOURINHO, técnico de futebol

O dinheiro que entra no jogo é inacreditável. Mas é apenas o efeito do suco de ameixa – ele entra e sai imediatamente. Agentes controlam o jogo.
ALAN SUGAR, ex-presidente de clube de futebol (1947-)

Estados Unidos

O principal negócio do povo americano são os negócios.
CALVIN COOLIDGE, presidente dos Estados Unidos (1872-1933), discurso à American Society of Newspapers Editors

Eu era ligeiramente descrente da mentalidade americana antes de chegar aqui, mas agora a preconizo. Aqui, ninguém vai arrasá-lo se você comprar um carro de 300 mil dólares. Provavelmente dirão: "Bem, você deve ter dado duro para ter isso. Boa sorte!"

SIMON COWELL, empresário do show business (1959-), citado no *New York Times*, maio de 2004.

Se você fosse muito, muito, muito rico ... o que na sua vida seria americano? Se tivesse dinheiro para isso, aposto que dirigiria um carro alemão, usaria sapatos britânicos e um terno italiano, manteria suas economias na Suíça, passaria férias em Koh Samui com expedições a Cannes para fazer compras, voaria pela Emirates, desenvolveria um paladar para vinhos sul-africanos, contrataria um chef formado na França, compraria algumas dezenas de companhias indianas e chinesas e pagaria impostos ao estilo de Dubai. Se tivesse irrestrita liberdade econômica para tanto, aposto que fugiria aos gritos das grandes, gordas e ofegantes empresas americanas de costume, e seu punhado de "inovações" sem brilho, um tanto bizarras e ocasionalmente nojentas: queijo em spray, tarifas por uso de caixa eletrônico, fraldas de marca, tralha descartável de ínfima qualidade feita por mão de obra encarcerada, hipermercados com música ambiente, 5 mil canais e nada para ver a não ser intermináveis reprises de "Toddlers in Tiaras".

UMAIR HAQUE, consultor, *Harvard Business Review*, outubro de 2011

Os americanos tendem a ser desnecessariamente interessados em descobrir o que a opinião média acredita ser a opinião média;

e essa fraqueza nacional encontra seu principal inimigo no mercado de ações.

JOHN MAYNARD KEYNES, economista (1883-1946), *Teoria geral do emprego, do juro e da moeda* (1936)

O problema com a administração americana hoje em dia é que ela conseguiu assumir muitas das aparências e privilégios do profissionalismo, ao mesmo tempo que se furta às restrições e responsabilidades associadas.

RAKESH KHURANA, NITIN NOHRIA e DANIEL PENRICE, HBS *Working Knowledge*, fevereiro de 2005

Os homens de negócios são o único grupo pelo qual é possível distinguir o capitalismo e o estilo de vida americano do estatismo totalitário que está engolindo o resto do mundo. Todos os demais grupos sociais – trabalhadores, agricultores, profissionais liberais, cientistas, soldados – subsistem sob ditaduras, ainda que o façam acorrentados, aterrorizados, na miséria e em progressiva autodestruição. Mas não há, sob ditadura alguma, um grupo como o dos homens de negócios. Seu lugar é tomado por bandidos armados: por burocratas e comissários. Homens de negócios são o símbolo de uma sociedade livre – o símbolo dos Estados Unidos.

AYN RAND, escritora (1905-82), *Capitalism* (1966)

Os americanos costumavam ser "cidadãos".
Hoje somos "consumidores".

VICKI ROBIN, escritora (1945-), *Dinheiro e vida* (1999)

O que há de bom neste país é que os Estados Unidos inauguraram a tradição em que os mais ricos consumidores compram essencialmente as mesmas coisas que os mais pobres. Se você está assistindo à TV e vê uma Coca-Cola, sabe que o presidente toma Coca-Cola, Liz Taylor toma Coca, e imagine só, você pode tomar Coca-Cola também. Uma Coca é uma Coca, e nenhuma quantidade de dinheiro pode valer uma Coca melhor do que aquela que o vagabundo na esquina está tomando. Todas as Cocas são iguais e todas as Cocas são boas.

ANDY WARHOL, artista (1928-87)

“ Estratégia

Rapidez, preço, qualidade: escolha dois.

DITADO anônimo sobre negócios

Nos negócios civis: o que vem em primeiro lugar? ousadia; o que vem em segundo e terceiro lugares? ousadia. No entanto, a ousadia é filha da ignorância e da baixeza, muito inferior a outros atributos.

FRANCIS BACON, filósofo (1561-1626), *Of Boldness*

Há duas maneiras de ampliar uma empresa. Faça um inventário daquilo em que você é bom e amplie a partir de suas habilidades. Ou determine aquilo de que seus clientes precisam e trabalhe no sentido inverso, mesmo que isso exija o aprendizado de novas habilidades.

JEFF BEZOS, fundador da Amazon (1964-)

Há alguma coisa no modo como as decisões são tomadas nas organizações bem-sucedidas que espalha as sementes do eventual fracasso. Muitas grandes companhias adotam uma estratégia de esperar até que novos mercados se tornem grandes o suficiente para ser interessantes. Mas muitas vezes essa não é uma estratégia exitosa.

CLAYTON CHRISTENSEN, acadêmico (1952-), *O dilema da inovação* (1997)

Somos pagos apenas por pontos fortes, não somos pagos por debilidades. A primeira questão, portanto, é: quais são seus pontos fortes específicos? E depois: eles são os pontos fortes certos? São os pontos fortes adequados para as oportunidades de amanhã, ou aqueles adequados às de ontem? Estamos fazendo uso de nossos pontos fortes quando as oportunidades não estão mais presentes, ou talvez nunca tenham estado? E por fim, que pontos fortes adicionais temos de adquirir?

PETER DRUCKER, escritor (1909-2005),
Administração em tempos turbulentos (1980)

Há uma única regra para o industrial, e é esta: faça a melhor qualidade possível de bens ao menor custo possível, pagando os mais altos salários possíveis.

HENRY FORD, industrial (1863-1947)

Se você não pode pagar por uma coisa, não a compre. Se não pode ser pago por ela, não a venda. Faça isso, e terá noites calmas e propícias ao sono, com tudo do bom negócio que você tem agora e nada do ruim. Se você tem tempo, não espere pelo tempo.

BENJAMIN FRANKLIN, polímata (1705-90)

Lemos um livro do começo para o fim. Dirigimos uma empresa no sentido inverso. Começamos com o fim, e em seguida fazemos tudo o que for necessário para atingi-lo.

HAROLD GENEEN, homem de negócios (1910-97)

A estratégia não começou com Igor Ansoff, nem com Maquiavel. Provavelmente não começou com Sun Tzu. A estratégia é tão antiga quanto o conflito humano.

GARY HAMEL, escritor (1954-)

Uma organização fica desnorteada e não energizada quando solicitada a fazer coisas demais ao mesmo tempo.

MICHAEL HAMMER e JAMES CHAMPY, *Reengenharia* (2004)

Numa economia do conhecimento, uma boa empresa é uma comunidade com um propósito, não uma propriedade.

CHARLES HANDY, escritor (1932-), *Harvard Business Review*, dezembro de 2002

Mostre aos concorrentes o que você está fazendo.
Eles logo ficarão sabendo de qualquer maneira.
Apenas não lhes diga o que você está pensando.

BILL HEWLETT, fundador da Hewlett-Packard (1913-2001)

O compartilhamento está para a propriedade como o iPod para a fita de rolo, como o painel solar para a mina de carvão. O compartilhamento é limpo, nítido, urbano, pós-moderno; a posse é insípida, egoísta, tímida, atrasada.

MARK LEVINE, poeta (1965-), *New York Times*, março de 2009

O sucesso sustentado é em grande parte uma questão de concentrar-se regularmente nas coisas certas e fazer muitos pequenos aperfeiçoamentos discretos a cada dia.

THEODORE LEVITT, acadêmico (1925-2006), *Thinking in Management* (1983)

As pessoas não querem furadeiras de um quarto de polegada. Querem buracos de um quarto de polegada.

THEODORE LEVITT

Prometa a menos; entregue a mais.

TOM PETERS, escritor (1942-), citado no *Chicago Tribune*, junho de 1987

A essência da estratégia é escolher o que não fazer.

MICHAEL PORTER, acadêmico (1947-), *Competição* (1998)

Se você está disputando o segundo lugar, sua estratégia é determinada pelo líder.

AL RIES e JACK TROUT, *As 22 consagradas leis do marketing* (1994)

Apresente os três velhos cavalos de batalha da competição – custo, qualidade e serviço – e conduza-os a novos patamares, fazendo cada pessoa na organização vê-los pelo que são, uma questão de sobrevivência.

JACK WELCH, homem de negócios (1935-), *Paixão por vencer* (2005)

Se você não tem uma vantagem competitiva, não compita.

JACK WELCH, *Six Rules of Successful Leadership*

“ Ética

As empresas internacionais podem realizar suas operações em sobras de papel, mas a tinta que usam é sangue humano.
ERIC AMBLER, escritor (1908-98), *A máscara de Dimitrios* (1939)

Não se pode aderir aos ensinamentos da Igreja no domingo e deixar de aplicá-los ao mercado na segunda-feira.
ARCEBISPO LEROY BAILEY JUNIOR (1946-)

No campo empresarial moderno, tão rico em oportunidades para o exercício das melhores e mais variadas faculdades mentais e qualidades morais do homem, o mero ganho de dinheiro não pode ser considerado o fim legítimo. Tampouco pode o mero crescimento em tamanho ou poder ser admitido como uma ambição digna. Nem pode um homem nobremente consciente de suas sérias responsabilidades para com a sociedade ver os negócios como um jogo; pois a felicidade ou infelicidade humana está inextricavelmente entrelaçada com sua condução.
LOUIS BRANDEIS, advogado (1856-1941), *La Follette's Weekly Magazine*, novembro de 1912

Seja Luke Skywalker, não Darth Vader.
Em última instância o amor é mais forte que o mal.
DONALD BURR, fundador da People Express (1941-)

Ao fazer julgamentos, os reis antigos eram perfeitos, porque faziam de princípios morais o ponto de partida de todos os

seus empreendimentos, e a raiz de tudo era benéfica. Esse princípio, no entanto, é algo que as pessoas de intelecto medíocre nunca compreendem. Não compreendendo, elas carecem de conhecimento, e carecendo de conhecimento, perseguem o lucro.
LÜ BUWEI, comerciante (291-235 a.C.), *Os anais de Lü Buwei*

A brutalização da ética comercial neste país é tamanha que ninguém consegue sentir nada mais delicado que o toque aveludado de um suave dólar.
RAYMOND CHANDLER, escritor (1888-1959)

Uma empresa que não gera nada exceto dinheiro
é uma empresa deplorável.
HENRY FORD, industrial (1863-1947)

Um dia a ética dos negócios será universalmente reconhecida, e nesse dia os negócios serão vistos como a mais antiga e a mais útil de todas as profissões.
HENRY FORD, *Minha vida e minha obra*

As empresas têm uma e somente uma responsabilidade – usar seus recursos e envolver-se em atividades destinadas a aumentar seus lucros, contanto que permaneçam dentro das regras do jogo.
MILTON FRIEDMAN, economista (1912-2006), *New York Times*, setembro de 1970

A honra desmorona ali onde o comércio prevalece por muito tempo.
OLIVER GOLDSMITH, dramaturgo (1730-74), *The Traveller*

Não seja mau.

MANTRA do Google

Na verdade, fizemos uma escala de maldade,
e decidimos que não servir de maneira alguma era o pior mal.

ERIC SCHMIDT, ex-diretor-executivo do Google, falando em Davos sobre o oferecimento de uma versão censurada de seu mecanismo de busca na China, janeiro de 2006

Sem valores morais e obrigações comumente partilhados
e amplamente consolidados, nem a lei,
nem o governo democrático e nem mesmo a
economia de mercado funcionarão adequadamente.

VACLAV HAVEL, dramaturgo e estadista (1936-2011),
Summer Meditations (1992)

Se, ao falar de emprego de minorias, ou poluição do ar, ou pobreza, um homem de negócios fala na linguagem de um contador público analisando um balanço corporativo, como saber se ele compreende os problemas humanos por trás dos estatísticos? Se o homem de negócios parasse de falar como um formulário impresso de computador ou uma página saída do relatório anual de uma corporação, outras pessoas parariam de pensar que ele tem uma caixa registradora no lugar do coração. É simples assim – mas isso não é simples.

LOUIS LUNDBORG, escritor (falecido em 1981),
"The Voices of Business", *The State of the Language*,
organizado por Christopher Ricks e Leonard Michaels (1979)

Não existe lapso de integridade sem importância.

TOM PETERS, escritor (1942-), *O seminário de Tom Peters* (1994)

Quem tem muitas empresas vai precisar de muito perdão.

PROVÉRBIO

O mais importante, depois de fazer a coisa certa, é deixar as pessoas saberem que você está fazendo a coisa certa.

JOHN D. ROCKEFELLER, industrial (1839-1937)

A ética e a religião não devem ficar em casa quando saímos para o trabalho.

CARDEAL ACHILLE SILVESTRINI (1923-)

Europa

Grosso modo, a diferença entre o homem de negócios americano c o europeu é que este último está ansioso para sair do trabalho, e o primeiro, para chegar lá.

ARNOLD BENNETT, escritor (1867-1931)

Repórter: Sr. Kane, como está vendo as condições para os negócios na Europa?
Charles Foster Kane: Como estou vendo as condições para os negócios na Europa? Com grande dificuldade.

CIDADÃO KANE (filme, 1941)

Quando uma herdeira americana quer comprar um homem, ela cruza o Atlântico de imediato. As únicas pessoas realmente materialistas que já conheci são as europeias.
MARY MCCARTHY, escritora (1912-89), "America the Beautiful", *Commentary*, setembro de 1947

As empresas não são empreendimentos de caridade: elas contratam trabalhadores para obter lucros. Nos Estados Unidos, essa lógica ainda funciona. Na Europa, dificilmente.
PAUL SAMUELSON, economista (1915-2009), *Newsweek*, março de 1994

Execução

É muito mais difícil medir a inexecução que a execução. A execução salienta-se como uma tonelada de diamantes. A inexecução pode quase sempre ser desculpada.
HAROLD GENEEN, homem de negócios (1910-97)

Há nos negócios uma lei imutável segundo a qual palavras são palavras, explicações são explicações, promessas são promessas – mas só execução é realidade.
HAROLD GENEEN

Experiência

Se você não mata muitas plantas pelo caminho, não sabe jardinar.
CAROL BARTZ, mulher de negócios (1948-)

Um otimista é simplesmente um pessimista sem nenhuma experiência de trabalho.

DILBERT, quadrinhos

Se você espera que o dinheiro lhe dê independência, nunca a terá. A única segurança que um homem pode ter neste mundo é uma reserva de conhecimento, experiência e habilidade.

HENRY FORD, industrial (1863-1947)

No mundo dos negócios, todos são pagos em duas moedas: dinheiro e experiência. Fique primeiro com a experiência; o dinheiro virá mais tarde.

HAROLD GREEN, homem de negócios (1892-1951)

O bom julgamento vem da experiência,
e a experiência vem do mau julgamento.

MULLA NASREDDIN, herói popular no Oriente Médio

Aprendemos melhor com a experiência, mas nunca experimentamos diretamente as consequências de muitas de nossas mais importantes decisões.

PETER SENGE, cientista (1947-), *A quinta disciplina* (1990)

F

“ Fabricação

A função do comerciante (ou do fabricante, pois no sentido amplo em que é usada aqui a palavra deve ser compreendida como incluindo ambos) é sustentar a nação. Obter lucro para si próprio é tão pouco a sua função quanto, para um clérigo, obter seu estipêndio.
JOHN RUSKIN, crítico (1819-1900), “The Roots of Honour”, *Unto This Last* (1862)

O grande clamor que se ergue de nossas cidades manufatureiras, mais alto que a explosão de sua fornalha, é em verdade todo por isso – que nós fabricamos tudo ali exceto homens; alvejamos algodão, fortalecemos aço, refinamos açúcar e moldamos vasilhas; mas abrilhantar, fortalecer, refinar ou moldar um único espírito vivo nunca entra em nossas estimativas de vantagens.
JOHN RUSKIN, *As pedras de Veneza* (1851-53)

“ Felicidade

Felicidade não é só um estado de espírito – é uma ética de trabalho.
SHAWN ACHOR, professor e escritor, *O jeito Harvard de ser feliz* (2010)

A felicidade está obsoleta: antieconômica.
THEODOR ADORNO, filósofo (1903-69)

A felicidade de um dia frequentemente prediz a criatividade do dia seguinte.
TERESA AMABILE, psicóloga (1950-)

Escolha um trabalho que você ama, e nunca terá de trabalhar um só dia em sua vida.
CONFÚCIO, filósofo (551-479 a.C.)

Deveríamos evitar pregar o sucesso aos jovens da maneira usual, como o principal objetivo da vida. O motivo mais importante para o trabalho na escola e na vida é o prazer no trabalho, o prazer com seu resultado e o conhecimento do que dele resulta para a comunidade.
ALBERT EINSTEIN, cientista (1879-1955)

Transferir sua paixão para o seu trabalho é muito mais fácil do que encontrar um trabalho que por acaso corresponda à sua paixão.
SETH GODIN, empresário (1960-), *Você é indispensável?* (2010)

Temos tão pouco direito de consumir uma felicidade que não produzimos quanto de consumir riquezas que não produzimos.
GEORGE BERNARD SHAW, dramaturgo (1856-1950), *Candida*

“ Filantropia

Que os negócios do mundo tomem conta de si mesmos. ... Meu negócio é fazer que o mundo seja salvo; se isso envolver a inativação dos teares e o fechamento das fábricas, e a interrupção da navegação dos navios, que sejam todos imobilizados. Quando conseguirmos que todas as pessoas sejam convertidas, eles podem prosseguir novamente, e então seremos capazes de manter as coisas em marcha trabalhando em meio período e tendo o restante para gastar amando-nos uns aos outros e adorando a Deus.

WILLIAM BOOTH, fundador do Exército da Salvação (1829-1912), *The War Cry*, dezembro de 1884

“ Filosofia

Um homem de negócios pode falar sobre filosofia; um homem que não tem nenhum pode praticá-la.

ALEXANDER POPE, poeta (1688-1744), *Thoughts on Various Subjects* (1727)

Melhore a si mesmo: essa é a única coisa que você pode fazer para melhorar o mundo.

LUDWIG WITTGENSTEIN, filósofo (1889-1951)

“ Formação em negócios

Na faculdade, os yuppies especializam-se em administração de empresas. Quando precisam fazer uma disciplina na área de humanidades para atender a certos requisitos, cursam “poesia comercial”.

DAVE BARRY, escritor (1947-)

A marca do verdadeiro MBA é estar muitas vezes errado, mas raramente em dúvida.

ROBERT BUZZELL, acadêmico (1933-2004)

Aprender não é fazer; é refletir sobre o fazer.

HENRY MINTZBERG, acadêmico (1939-), *MBA? Não, obrigado!* (2004)

Tentar ensinar administração a alguém que nunca administrou é como tentar ensinar psicologia a alguém que nunca conheceu outro ser humano.

HENRY MINTZBERG, *MBA? Não, obrigado!* (2004)

O aprendizado cognitivo não faz um administrador, tanto quanto não faz um nadador. Este se afogará na primeira vez que pular na água se seu treinador nunca o tirar da sala de aula, fizer que se molhe e lhe der feedback sobre seu desempenho.

HENRY MINTZBERG, “The Managers Job”, *Harvard Business Review*, julho-agosto de 1975

Como diria Warren Buffett, não pergunte ao barbeiro se você precisa de um corte de cabelo – e não pergunte a um acadêmico se o que ele faz é relevante.

NASSIM NICHOLAS TALEB, escritor (1960), *A lógica do cisne negro* (2007)

“ Fracasso

Sempre tentei. Sempre fracassei. Não importa. Tente de novo. Fracasse de novo. Fracasse melhor.

SAMUEL BECKETT, dramaturgo (1906-89)

Não importa quantas vezes você fracassa. Não importa quantas vezes você quase acerta. Ninguém vai saber de seus fracassos ou se importar com eles, e você tampouco deveria. A única coisa que você precisa fazer é aprender com eles e aqueles que o cercam. A única coisa que importa nos negócios é acertar uma vez. Depois todos podem lhe dizer como você é um sujeito de sorte.

MARK CUBAN, homem de negócios e dono de time de basquete (1958-), *How to Win at the Sport of Business* (2011)

Muitos dos fracassados na vida são pessoas que não perceberam quanto estavam perto do sucesso quando desistiram.

THOMAS EDISON, inventor (1847-1931)

O fracasso nada mais é que a oportunidade de começar de novo, desta vez com mais inteligência.

HENRY FORD, industrial (1863-1947)

Se você tenta fazer uma coisa e fracassa, está em situação muito melhor do que se não tivesse tentado nada e obtido sucesso.
DIZERES num biscoito da sorte

O segredo para estar errado não é evitar estar errado!
O segredo é estar disposto a estar errado.
O segredo é perceber que o erro não é fatal.
SETH GODIN, empresário (1960-), *Você é indispensável?* (2010)

Um fracassado é um homem que fez uma tolice,
mas não é capaz de tirar proveito da experiência.
ELBERT HUBBARD, filósofo (1856-1915), *The Philistine*

Se você não fracassa pelo menos 90% das vezes,
não está mirando alto o bastante.
ALAN KAY, cientista da computação (1940-)

Você tem 40 milhões de razões para o fracasso,
mas nem uma única desculpa.
RUDYARD KIPLING, escritor (1865-1936), "The Lesson",
The Times, julho de 1901

A ideia comum de que o sucesso estraga as pessoas, tornando-as vaidosas, ególatras e autocomplacentes, é errônea; ao contrário, na maioria das vezes ele as torna humildes, tolerantes e bondosas. O fracasso torna as pessoas amargas e cruéis.
W. SOMERSET MAUGHAM, escritor (1874-1965)

Fracasse! Rápido. Depois tenha sucesso.

CAPA da revista *Wired*, 2011

Fusões, cisões e aquisições

O grande perigo em megafusões é que elas são vistas como um acasalamento de dinossauros.

PETER BONFIELD, homem de negócios (1944-), citado no *Sunday Times*, julho de 2000

Esteja certo de uma coisa: se um diretor-executivo estiver entusiasmado com uma aquisição particularmente estúpida, tanto seu staff interno quanto seus conselheiros externos fornecerão todas as projeções necessárias para justificar sua posição. Só nos contos de fadas os imperadores são informados de que estão nus.

WARREN BUFFETT, investidor (1930-)

Diretores-executivos parecem tão pouco capazes de resistir a seu anseio biológico por fusões quanto cães ao anseio por caçar coelhos.

PHILIP COGGAN, escritor (1959-), citado em *Dean LeBaron's Treasury of Investment Wisdom* (2001)

Muito do que é chamado de investimento, na verdade nada mais é que fusões e aquisições, e fusões e aquisições costumam ser, é claro, acompanhadas por enxugamento.

SUSAN GEORGE, cientista política (1934-)

Você poderia se fundir com outra organização,
mas dois bêbados não formam uma pessoa sensata.

GARY HAMEL e C.K. PRAHALAD, escritores,
Competindo pelo futuro (1996)

Eu sempre disse que megafusões eram para megalomaníacos.

DAVID OGILVY, executivo publicitário (1911-99)

A divisão de um elefante ao meio não produz dois elefantes.

PETER SENGE, cientista (1947-), *A quinta disciplina* (1990)

Em se tratando de fusões, a esperança triunfa sobre a experiência.

IRWIN STELZER, economista (1932-)

G

“ Gafe e franqueza rude

Eu compraria um Mac se não trabalhasse na Microsoft.

JIM ALLCHIN, executivo de desenvolvimento na Microsoft (1951-), e-mail (2004)

Não faço empréstimo (com o Barclaycard) porque é caro demais. ... Tenho quatro filhos jovens. Aconselho-os a não acumular dívidas em seus cartões de crédito.

MATTHEW BARRATT, diretor-executivo da Barclaycard (1944-)

Vendemos um par de brincos por menos de uma libra, o que é mais barato que um sanduíche de camarão na Marks & Spencer, mas provavelmente não terá a mesma duração. ...
Fazemos também *decanters* para xerez de vidro lapidado com seis taças sobre uma bandeja folheada a prata com que seu mordomo pode servir bebidas, tudo por £4,95. As pessoas perguntam: “Como podem vender isso por um preço tão baixo?”
Respondo: porque é uma completa porcaria.

GERALD RATNER, joalheiro (1949-)

Por que cargas-d'água você iria pensar que seu telefone [celular] funcionaria na sua casa? Os clientes passaram a esperar demais.
IVAN SEIDENBERG, ex-diretor-executivo da Verizon (1946-), citado no *San Francisco Chronicle*, abril de 2005

[Nossos clientes-alvo] são os *hooligans* do futebol – muito poucos de nossos clientes têm de usar ternos para trabalhar. Eles servirão para sua primeira entrevista ou para sua primeira audiência no tribunal.
DAVID SHEPHERD, diretor de marca da Topman

As garotas de Newcastle são todas uns bagulhos.
FREDDIE SHEPHERD, presidente do Newcastle Football Club (1942-)

Gestão de marca

Se o nome "Starbucks" está tão fortemente associado a café que você precisa removê-lo para lançar outro produto, isso não sugere que a estratégia corporativa está em descompasso com a compreensão do cliente?
NIGEL HOLLIS, escritor (1958-), *Harvard Business Review*, janeiro de 2011

Uma marca não é um produto, uma promessa ou um sentimento. É a soma de todas as experiências que você tem com uma empresa.
AMIR KASSAEI, executivo publicitário (1968-)

Um produto é algo feito numa fábrica; uma marca é algo que é comprado pelo cliente. Um produto pode ser copiado por

um concorrente; uma marca é única. Um produto pode ficar rapidamente ultrapassado; uma marca de sucesso é atemporal.
STEPHEN KING, executivo publicitário (1931-2006)

Se você não é uma marca, é uma mercadoria.
PHILIP KOTLER, acadêmico (1931-)

O mais poderoso conceito em marketing é ser dono de uma palavra na mente do potencial cliente.
AL RIES e JACK TROUT, *As 22 consagradas leis do marketing* (1994)

Se pode levar seus clientes a preferir seu produto ou serviço com base em mais do que apenas o produto ou o serviço, você chegou lá.
SERGIO ZYMAN, executivo de marketing (1945-),
O fim do marketing como nós conhecemos (1999)

“ Globalização

Internacionalização é como criar um sapato de bico redondo que serve para pessoas com todos os tipos de pés. Não é tão confortável quanto um sapato perfeitamente ajustado e não aconchega bem os pés, mas pode ser usado por muita gente.
DAVID DEBRY, “Globalizing Instructional Materials”,
TechTrends, dezembro de 2007

Apesar de culturas diferentes, os jovens de classe média no mundo inteiro parecem viver suas vidas como se num universo paralelo. Eles se levantam de manhã, vestem suas Levi's e seus

Nikes, passam a mão em seus bonés, mochilas e em seus CD *players* da Sony e rumam para a escola.
NAOMI KLEIN, escritora (1970-), *Sem logo* (1999)

A Terra é redonda, mas, para a maioria dos propósitos, é sensato tratá-la como chata.
THEODORE LEVITT, acadêmico (1925-2006), "The Globalization of Markets", *Harvard Business Review*, maio de 1983

A extensão e o uso de ferrovias, navios a vapor, telégrafos, decompõem as nacionalidades e põem pessoas geograficamente distantes em estreita conexão comercial e politicamente. Eles tornam o mundo uno, e o capital, como água, tende a um nível comum.
DAVID LIVINGSTONE, missionário (1813-73), *The Last Journals of David Livingstone*

Pense globalmente, aja localmente.
AKIO MORITA, cofundador da Sony (1921-99)

A palavra "exterior" não tem lugar no vocabulário da Honda, porque ela se vê como equidistante de todos os seus clientes decisivos.
KENICHI OHMAE, escritor (1943-), *Mundo sem fronteiras* (1990)

Pessoas me acusaram de ser a favor da globalização. Isso equivale a me acusar de ser a favor de que o sol se levante de manhã.
CLARE SHORT, política (1946-)

H

“ Honestidade

A corrupção dos melhores é a pior.
Atribuída a ARISTÓTELES, filósofo (384-322 a.C.)

O comércio é um céu cujo sol é a confiabilidade
e cuja lua é a honestidade.
BAHÁ'U'LLÁH, profeta (1817-92)

Para o comerciante, até a honestidade é
uma especulação financeira.
CHARLES BAUDELAIRE, poeta (1821-67), *Meu coração desnudado* (1865)

A luz do sol é o melhor desinfetante.
LOUIS BRANDEIS, advogado (1856-1941)

Quanto mais verdade você puder introduzir em qualquer negócio, melhor. Deixe o outro lado conhecer os defeitos do seu, permita-lhe saber como você pode ser satisfeito, deixe que haja o mínimo possível a descobrir (eu deveria dizer nada), e, se seu negócio for honesto, ele será mais bem cuidado dessa maneira.
ARTHUR HELPS, escritor (1813-75), *Friends in Council* (1847)

Certas coisas afetam sua credibilidade – como o quarto aniversário de sua queima de estoque para fechar a empresa.

ROBERT ORBEN, escritor (1927-)

Prepare qualquer população racionalmente, e ela será racional. Forneça atividades honestas e úteis às pessoas assim preparadas, e verá que terão grande preferência por elas em detrimento de ocupações desonestas ou injuriosas. É incalculável o interesse de todos os governos em fornecer tal preparo e tal atividade, e o fornecimento de ambos é facilmente praticável.

ROBERT OWEN, reformador social (1771-1858),
A New View of Society (1816)

Um homem honesto é aquele que sabe que não pode consumir mais do que produziu.

AYN RAND, escritora (1905-82), *A revolta de Atlas* (1957)

Nos negócios, é a maneira como pequenas questões são tratadas que deixa muitas vezes um homem a favor ou contra você.

SAMUEL SMILES, escritor (1812-1904), "Homem de negócios",
Ajude-se (1859)

I

“ Impostos

A arte da tributação consiste em depenar o ganso de modo a obter o máximo de penas com o mínimo de grasnidos.

JEAN BAPTISTE COLBERT, ministro das Finanças francês (1619-83), atribuída

Meu conselho para os que morrem: declarem os centavos usados para fechar seus olhos.

GEORGE HARRISON, músico (1949-2001), *Taxman* (The Beatles, 1966)

Gosto de pagar impostos. Com eles compro civilização.

OLIVER WENDELL HOLMES JUNIOR, juiz (1841-1935)

Se, das partes mais miseráveis do Velho Mundo, olharmos para aquelas que estão num avançado estágio de aperfeiçoamento, ainda encontraremos a mão gananciosa do governo metendo-se em todo canto e fresta da indústria, e agarrando o espólio da multidão. Invenção é continuamente exercida para fornecer novos pretextos para rendimentos e tributação. Ela vê a prosperidade como sua presa e não permite escapar sem tributo.

THOMAS PAINE, pai fundador dos Estados Unidos (1737-1809), *Os direitos do homem* (1791)

Os impostos são pagos com o suor de todo homem que trabalha.

FRANKLIN D. ROOSEVELT, presidente dos Estados Unidos (1882-1945), discurso, 1932

Os impostos são o principal negócio de um conquistador do mundo.

GEORGE BERNARD SHAW, dramaturgo (1856-1950), *César e Cleópatra*

As despesas do governo, tendo por objeto o interesse de todos, deveriam ser custeadas por todos, e quanto mais um homem goze das vantagens da sociedade, mais honrado deve se considerar por contribuir para essas despesas.

ANNE ROBERT JACQUES TURGOT, economista (1727-81)

As devoluções do imposto de renda são a ficção mais imaginativa que está sendo escrita atualmente.

HERMAN WOUK, escritor (1915-)

Indústria aérea

Se os irmãos Wright estivessem vivos hoje em dia, Wilbur teria de demitir Orville para reduzir custos.

HERB KELLEHER, fundador da Southwest Airlines (1931-), citado no *USA Today*, junho de 1994

Precisamos de uma recessão. Tivemos dez anos de crescimento. Uma recessão elimina companhias aéreas de má qualidade e deficitárias e isso significa que podemos comprar aviões mais barato.

MICHAEL O'LEARY, diretor-executivo da Ryanair (1961-), citado no *Daily Telegraph*, novembro de 2008

Se nós entrássemos no ramo funerário, as pessoas parariam de morrer.

MARTIN SHUGRUE, executivo da PanAm (1941-99)

Recessão é quando você tem de apertar o cinto;
depressão é quando não tem cinto para apertar.
Quando você perdeu as calças – está na indústria aérea.

ADAM THOMSON, ex-presidente da British Caledonian (1926-2000)

Numa só tacada, encolhemos a Terra.

JUAN TRIPP, fundador da PanAm (1899-1981), sobre a introdução dos primeiros aviões a jato

Dirigir uma companhia aérea é como ter um bebê: divertido para conceber, mas um inferno para parir.

C.E.WOOLMAN (1889-1966), fundador da Delta Air Lines

“ Indústria automobilística

Os projetistas de carros vão precisar simplesmente inventar um carro que dure mais que as prestações.

ERMA BOMBECK, humorista (1927-96)

Enquanto prevalecer a norma não escrita de que a melhor maneira de alcançar sucesso na GM é ser um bom financista, o mau hábito de manipular números para apresentar o quadro que as pessoas querem ver não pode ser quebrado.
MARYANN KELLER, analista, *Rude despertar* (1989)

A razão pela qual os carros americanos não vendem mais é que eles esqueceram como projetar o Sonho Americano. Não importa que você compre um carro hoje ou daqui a seis meses, porque os carros não são bonitos. É por isso que a indústria automobilística americana está em dificuldade: falta design, falta desejo.
KARL LAGERFELD, estilista de moda (1933-)

Por um número excessivo de anos, a tática fundamental das companhias de Detroit para se defender foi desviar a atenção dos consumidores para o futuro, ao mesmo tempo que exploravam seu passado como uma arma sentimental para obscurecer as deficiências do presente.
MICHELINE MAYNARD, escritora, *The End of Detroit* (2003)

A General Motors, com suas enormes operações de crédito, financiamento e hipoteca, mais parece um banco que fabrica carros que uma companhia automobilística.
MICHELINE MAYNARD, *The End of Detroit* (2003)

Revitalizar a General Motors é como ensinar sapateado a um elefante. Você encontra o ponto sensível e começa a cutucar.
ROSS PEROT, homem de negócios e candidato à presidência dos Estados Unidos (1930-), *International Management*, fevereiro de 1987

“ Indústria cinematográfica

Não é de admirar que a indústria cinematográfica tenha começado no deserto da Califórnia, onde, como todos os habitantes de desertos, eles sonham seus prédios em vez de projetá-los.
ARTHUR ERICKSON, arquiteto (1924-2009)

Nesta indústria, só há duas maneiras de subir a escada. Degrau por degrau, ou abrindo o caminho a unhadas até o topo. Sem dúvida fiquei com as unhas destruídas.
JACK NICHOLSON, ator (1937-)

Hollywood é a única indústria, mesmo incluindo as companhias de sopa, que não tem laboratórios para fins de experimentação.
ORSON WELLES, ator e diretor de cinema (1915-85)

“ Indústria farmacêutica

Do ponto de vista da indústria farmacêutica, o problema da Aids já foi resolvido. Afinal, já temos uma droga que pode ser vendida ao incrível preço de 8 mil dólares a dose anual, e que tem a virtude adicional de não diminuir o mercado ao realmente curar alguém.
BARBARA EHRENREICH, escritora (1941-), *The Worst Years of Our Lives* (1991)

Indústria farmacêutica é a arte de ganhar bilhões com miligramas.
GERHARD KOCHER, cientista político (1939-)

“ Indústria do fumo

É mais lucrativo para seu congressista apoiar a indústria do fumo que a sua vida.

JACKIE MASON, comediante (1936-)

“ Indústria da música

Vivemos numa época de música para pessoas que não gostam de música. A indústria fonográfica descobriu algum tempo atrás que não há muita gente que realmente gosta de música. Para muitos, ela é irritante, ou, para dizer o mínimo, desnecessária. Eles descobriram que, se pudessem vender música a um grande número dessas pessoas, poderiam vender muito mais discos.

T-BONE BURNETT, músico (1948-)

Um grupo ou um artista não deveria receber seu dinheiro antes de seu patrão ganhar o dele.

BOBBY DARIN, músico (1936-73), citado em *Bobby Darin*, de Al DiOrio (2004)

A indústria da música pode ser muito fria. E não respeita seus anciãos.

BRENDA LEE, música (1944-)

Restaram dois tipos de artistas: os que recomendam Pepsi e os que simplesmente não o fazem.

ANNIE LENNOX, música (1954-)

O negócio da música é como a loteria. Você só precisa anotar seus números, e às vezes acerta, às vezes, não.
BARRY MCGUIRE, músico (1965-)

A música é espiritual, a indústria da música, não.
VAN MORRISON, músico (1945-)

Na reunião da gravadora
Em suas mãos – por fim! – uma estrela morta.*
MORRISSEY, músico (1959-), "Paint a Vulgar Picture"

Não sou um *businessman*. Sou um *business, man*.
JAY-Z, músico (1969-), *Diamonds*

Música moderna é gente que não sabe pensar contratando artistas que não sabem compor para fazer discos para gente que não sabe ouvir.
FRANK ZAPPA, músico (1940-93)

Indústria do petróleo e do gás

Omnia bona quoad perfora (toda prospecção parece boa, até ser perfurada).
LEMA da Anardoko Petroleum Corporation

* At the record company meeting/ On their hands – at last! – a dead star.

Coragem, determinação e trabalho árduo, tudo isso é muito bom, mas bom mesmo é um poço de petróleo no quintal.

MASON COOLEY, aforista (1927-2002), *City Aphorisms*

Em geral encontramos gás em novos lugares com velhas ideias. Por vezes, também encontramos gás num velho lugar com uma nova ideia, mas raramente encontramos muito gás num velho lugar com uma velha ideia. Várias vezes no passado pensamos que estávamos ficando sem gás, quando na realidade estávamos apenas ficando sem ideias.

PARKE DICKEY, geólogo (1909-95), citado em *Encyclopaedia of Petroleum Science and Engineering*

Somos como fazendeiros arrendatários derrubando a cerca em volta de nossa casa para servir de combustível, quando deveríamos estar usando as fontes de energia inesgotáveis da natureza – sol, vento e maré. Eu poria meu dinheiro no sol e na energia solar. Que fonte de força! Espero que não precisemos esperar o petróleo e o carvão acabarem antes de tratarmos disso.

THOMAS EDISON, inventor (1847-1931)

Primeira regra do petróleo – viciados nunca dizem a verdade a quem lhes fornece drogas. Somos os viciados, os produtores de petróleo são nossos fornecedores – nunca tivemos uma conversa sincera com os sauditas.

THOMAS FRIEDMAN, escritor (1953-)

Minha fórmula para o sucesso? Levante cedo, trabalhe até tarde, encontre petróleo.

JEAN PAUL GETTY, magnata do petróleo (1892-1976), *As I See It* (1976)

Deixe-me contar uma queixa que nós, israelenses, temos contra Moisés. Ele nos fez andar pelo deserto durante quarenta anos para nos trazer para o único ponto no Oriente Médio que não tem petróleo.

GOLDA MEIR, primeira-ministra de Israel (1898-1978), citada no *New York Times*, junho de 1973

O uso de energia solar não foi viabilizado porque a indústria do petróleo não é proprietária do sol.

RALPH NADAR, ativista (1934-)

Segundo um velho adágio, o ouro está onde o encontramos, mas, a julgar pelo registro de nossa experiência, o petróleo deve ser procurado em primeiro lugar em nossas mentes.

WALLACE PRATT, geólogo (1885-1981), *Oil in the Earth* (1944)

Os preços do petróleo caíram ultimamente. Incluímos esta notícia em benefício dos postos de gasolina, que de outro modo levariam seis meses para saber disto.

WILLIAM TAMMEUS, escritor, *The Globe and Mail* (Toronto), 1991

“ Inovação

Muitas grandes ideias foram perdidas porque as pessoas que as tiveram não suportavam ser alvo de risos.
ANÔNIMO

Não tema que lhe roubem uma ideia. Se ela for original, você terá de enfiá-la por suas goelas abaixo.
HOWARD AIKEN, cientista da computação (1899-1973), citado em *Portraits in Silicon*, de Robert Slater (1989)

Se você pensa em [oportunidade] em termos da Corrida do Ouro, estaria bastante desolado neste momento, porque a última pepita teria desaparecido. Mas a coisa boa é que, com inovação, não há uma última pepita. Cada coisa nova cria duas novas questões e duas novas oportunidades.
JEFF BEZOS, fundador da Amazon (1964-)

Você percebe que se não fosse por Edison estaríamos vendo TV à luz de velas?
AL BOLISKA, apresentador de rádio (1942-72)

É importante não exagerar o benefício das ideias. Muito francamente, sei que existe certa noção romântica de que você vai simplesmente ter uma ideia brilhante e depois tudo será ótimo. Mas a verdade é que ter uma ideia é a parte menos importante da criação de algo notável. É preciso que seja a ideia certa e que tenha bom gosto, mas a execução e a entrega é que são decisivas.
SERGEY BRIN, fundador do Google (1973-)

Pobre do velho Spotty Muldoon. Ele pensou em cindir o átomo um dia desses. Se tivesse tido a ideia uns trinta anos atrás, teria feito uma baita fortuna.

PETER COOK, satirista (1937-95), E.L. Wisty, personagem em *The Man Who Invented the Wheel* (1964)

Um número surpreendente de inovações fracassa não em razão de alguma falha tecnológica fatal ou porque o mercado não está preparado. Elas fracassam porque a responsabilidade de desenvolver esses negócios é entregue a administradores ou organizações cujas capacidades não estão à altura da tarefa. ... Na maioria das vezes, as próprias habilidades que impelem uma organização a ter sucesso em manter as circunstâncias sistematicamente põem a perder as melhores ideias para um crescimento disruptivo. As capacidades de uma organização tornam-se suas incapacidades quando a inovação disruptiva está em andamento.

CLAYTON CHRISTENSEN, acadêmico (1952-), *O dilema da inovação* (1997)

Grandes corporações acolhem a inovação e o individualismo tão bem quanto os dinossauros acolheram grandes meteoros.

DILBERT, quadrinhos

A inovação é o instrumento específico do empreendedorismo. O ato que confere a recursos uma nova capacidade de gerar riqueza.

PETER DRUCKER, escritor (1909-2005), *Inovação e espírito empreendedor* (1985)

Toda atividade econômica é por definição "de alto risco". E a defesa do ontem – isto é, a não inovação – é muito mais arriscada que a construção do amanhã.

PETER DRUCKER, *Inovação e espírito empreendedor* (1985)

Os cemitérios de Wall Street estão cheios de homens que estavam certos cedo demais.

WILLIAM PETER HAMILTON, editor de jornal (1867-1929)

Muita gente ainda acredita que basta fazer uma ratoeira melhor. Mas, das mais de 2 mil ratoeiras patenteadas, só duas venderam bem, e ambas foram projetadas no século XIX. Uma boa ideia não se vende por si mesma, embora a maioria dos "inventores solitários" cometa o erro de acreditar nisso.

ANDREW HARGADON, acadêmico, *How Breakthroughs Happen* (2003)

Temos mais disposição para tentar o que nunca foi tentado quando o que fazemos não tem consequências. Daí o fato de que muitas invenções nasceram como brinquedos.

ERIC HOFFER, filósofo (1902-83)

Se for uma boa ideia, vá em frente e ponha-a em prática. É muito mais fácil desculpar-se do que conseguir permissão.

GRACE HOPPER, cientista da computação (1906-92)

Hoje em dia o mundo se move tão depressa que o homem que diz que algo não pode ser feito em geral é interrompido por alguém que já o está fazendo.

ELBERT HUBBARD, filósofo (1856-1915)

A inovação vem de pessoas que se encontram nos corredores ou telefonam umas para as outras às 10h30 da noite com uma nova ideia, ou porque perceberam alguma coisa que mostra as falhas do modo como vínhamos pensando sobre um problema. Vem de encontros *ad hoc* de seis pessoas chamadas por alguém que pensa ter descoberto a coisa mais bacana que já se viu e quer saber o que outros pensam de sua ideia. E vem de dizer não a mil coisas para ter certeza de que não pegamos a pista errada ou tentamos fazer demais. Estamos sempre pensando sobre novos mercados em que poderíamos entrar, mas é só dizendo não que você consegue se concentrar nas coisas realmente importantes.

STEVE JOBS, fundador da Apple (1955-2011),
citado na *BusinessWeek*, maio de 1998

A melhor maneira de prever o futuro é inventá-lo.

ALAN KAY, cientista da computação (1940-)

Só segredos insignificantes precisam de proteção. As grandes descobertas são protegidas pela incredulidade pública.

MARSHALL MCLUHAN, professor e filósofo (1911-80), *Take Today* (1972)

A invenção é a mãe das necessidades.

MARSHALL MCLUHAN, "The Argument", *Technology and Culture: Symposium* 14 (1), janeiro de 1973

Na grande indústria novas ideias são convidadas a empinar as cabeças para em seguida levarem uma paulada. O departamento de ideias de uma grande firma é uma espécie de laboratório para isolar vírus perigosos.

MARSHALL MCLUHAN

As proteções para a imaginação são indiscriminadas. Elas protegem tanto as boas quanto as más ideias – e há muito mais destas últimas que das primeiras. A maioria das fantasias nos desencaminha, e a maioria das consequências da imaginação para indivíduos e organizações individuais é desastrosa.

JAMES MARCH, acadêmico (1928-)

O público não sabe o que é possível. Nós sabemos.

AKIO MORITA, cofundador da Sony (1921-99)

Se não estiver quebrado, quebre.

RICHARD PASCALE, acadêmico (1938-), *Administrando no limite* (1990)

As ideias surgiram em nuvens; eu as senti colidirem
até que pares se engataram, por assim dizer,
formando uma combinação estável.

HENRI POINCARÉ, matemático (1854-1912), *Essai sur la psychologie de l'invention dans le domaine mathématique*

Invenção consiste em evitar a construção de engenhocas inúteis e em construir as combinações úteis que existem em infinita minoria. Inventar é discernir, escolher.

HENRI POINCARÉ

Se puder, seja o primeiro. Se não puder ser o primeiro, crie uma nova categoria em que possa ser o primeiro.

AL RIES e JACK TROUT, *As 22 consagradas leis do marketing* (1994)

A inovação reativa pouco faz para diferenciar uma companhia da concorrência, e só adia o afundamento do navio. A inovação deve ser difusa e perpétua: todos, em toda parte, o tempo todo. A inovação deve ser vista como moeda de referência dentro da companhia.

STEPHEN SHAPIRO, consultor, *24/7 Innovation* (2002)

Interesse pessoal

O capital deve ser impelido pelo interesse pessoal; não pode ser instigado pela benevolência.

WALTER BAGEHOT, homem de negócios, escritor e um dos primeiros editores da *Economist* (1826-77), *Economic Studies* (1879)

Por que eu disfarçaria o que você sabe tão bem, mas a multidão nunca sonhou? Nós, companhias, somos todas aves de rapina; meras aves de rapina. A única questão é se ao satisfazer às nossas próprias necessidades podemos satisfazer às suas também; se ao forrar duplamente o nosso ninho podemos pôr um único forro no seu.

CHARLES DICKENS, escritor (1812-70), *Martin Chuzzlewit* (1843-44)

Claro que nenhum de nós é ganancioso – só o outro é ganancioso. O que move o mundo são indivíduos em busca dos próprios interesses. As grandes realizações da civilização não vieram de gabinetes governamentais. Einstein não construiu sua teoria sob as ordens de um burocrata. Henry Ford não revolucionou a indústria automobilística dessa maneira.

MILTON FRIEDMAN, economista (1912-2006), falando no *Phil Donohue Show*

“ Internet

Se você deixa clientes insatisfeitos no mundo físico, cada um deles pode contar para seis amigos. Se você deixa clientes insatisfeitos na internet, cada um pode contar para 6 mil amigos.

JEFF BEZOS, escritor, fundador da Amazon (1964-)

Dizem que um ano no negócio da internet é como um ano na vida de um cão, o equivalente a sete anos na vida de uma pessoa comum.

VINTON CERF, pai da internet (1943-)

Vamos encarar a realidade. Não estamos transformando o mundo. Estamos construindo um produto que ajuda as pessoas a comprar mais porcaria – e ver pornografia.

BILL WATKINS, ex-diretor-executivo da Seagate Technologies (1953-), *Fortune*, novembro de 2006

Intuição

Não podemos ligar os pontos olhando para a frente; só podemos ligá-los olhando para trás. Portanto, temos de confiar que os pontos se ligarão de algum modo em nosso futuro. Temos de confiar em alguma coisa – nosso instinto, destino, vida, carma, seja o que for. Essa abordagem nunca me decepcionou, e fez toda a diferença em minha vida.
STEVE JOBS, fundador da Apple (1955-2011), aula inaugural em Stanford (2005)

Os líderes confiam em seu instinto. "Intuição" é uma dessas boas palavras que foram injustamente criticadas. Por alguma razão, intuição tornou-se uma noção "imprecisa". Bobagem! Intuição é a nova física. É um modo einsteiniano, de sétimo sentido e prático de tomar decisões difíceis.
TOM PETERS, escritor (1942-), *Fast Company*, fevereiro de 2001

Inveja e ciúme

Quem não é objeto de inveja não é digno de admiração.
ÉSQUILO, dramaturgo (525-455 a.C.)

Muitos falam a verdade quando dizem desprezar as riquezas, mas o que têm em mente são as riquezas de outros homens.
CHARLES CALEB COLTON, clérigo (1780-1832)

É provável que o maior dano causado por vastas riquezas seja aquele que nós de recursos módicos causamos a nós mesmos ao permitir que os vícios da inveja e do ódio penetrem profundamente em nossas naturezas.
THEODORE ROOSEVELT, presidente dos Estados Unidos (1858-1919)

Investimento

Transformar 100 dólares em 110 é trabalho. Transformar 100 milhões de dólares em 110 milhões é inevitável.
EDWARD BRONFMAN SENIOR, homem de negócios (1927-2005)

A linha que separa investimento e especulação, que nunca é clara e definida, se torna ainda mais embaçada quando a maioria dos participantes do mercado gozou de triunfos recentemente. Nada seda tanto a racionalidade quanto grandes doses de dinheiro sem esforço. Após uma experiência inebriante desse tipo, em geral as pessoas sensatas são levadas a um comportamento semelhante ao de Cinderela no baile. Elas sabem que ao se demorar nas festividades mais do que deveriam – isto é, ao continuar especulando em companhias que tiveram uma valorização gigantesca em relação ao dinheiro que provavelmente vão gerar no futuro – acabarão por fazer surgir abóboras e camundongos. Apesar disso, odeiam perder um único minuto do que é uma festa de arromba. Por isso, todos os entusiásticos participantes planejam sair apenas segundos

antes da meia-noite. Mas há um problema: eles estão dançando numa sala em que os relógios não têm ponteiros.
WARREN BUFFETT, investidor (1930-), carta aos acionistas da Berkshire Hathaway

Para cada bolha, há um alfinete à espera. E quando os dois finalmente se encontram, uma nova onda de investidores aprende algumas lições muito antigas. Primeiro, muitos em Wall Street – uma comunidade em que o controle de qualidade não é apreciado – venderão a investidores qualquer coisa que comprem. Segundo é quando parece mais fácil que a especulação é mais perigosa.
WARREN BUFFETT, carta aos acionistas da Berkshire Hathaway

Você só vai descobrir quem está nadando nu
quando a maré baixar.
WARREN BUFFETT, carta aos acionistas da Berkshire Hathaway

Uma das ironias do mercado de ações é a ênfase em atividade. Corretores, usando termos como "negociabilidade" e "liquidez", enaltecem companhias com alto volume de ações negociado (os que não podem encher os bolsos encherão confiantemente seus ouvidos). Mas os investidores deveriam compreender que o que é bom para o crupiê não é bom para o cliente. Um mercado acionário hiperativo é o batedor de carteira da empresa.
WARREN BUFFETT, *Os ensaios de Warren Buffett* (1998)

Investimento profissional é comparável àquelas competições promovidas por jornais em que os competidores devem escolher os seis rostos mais bonitos a partir de uma centena de fotografias. Aquele cuja escolha corresponder mais de perto às preferências médias do conjunto dos competidores ganhará o prêmio.

JOHN MAYNARD KEYNES, economista (1883-1946),
Teoria geral do emprego, do juro e da moeda (1936)

Os que sabem não contam e os que contam não sabem.

MICHAEL LEWIS, escritor (1960-), *A jogada do século* (2010)

Uma importante chave para o investimento
é lembrar que ações não são bilhetes de loteria.

PETER LYNCH, investidor (1944-), *Beating the Street* (1993)

Isso não é como ciência pura, na qual você faz "Arrá!"
e tem a resposta. Quando você faz "Arrá!, as ações da
Chrysler ou as da Boeing já quadruplicaram.
Você tem de correr um pouco de risco.

PETER LYNCH

Todo mundo tem capacidade mental para ganhar dinheiro
com ações. O que nem todo mundo tem é estômago.

PETER LYNCH

Posso calcular o movimento das estrelas,
mas não a loucura dos homens.

ISAAC NEWTON, cientista (1642-1727), comentário atribuído
ao perder seu investimento na "Bolha dos Mares do Sul"

Dinheiro é a semente do dinheiro, e por vezes é mais difícil ganhar o primeiro guinéu que o segundo milhão.

JEAN-JACQUES ROUSSEAU, filósofo (1712-78), *Do contrato social* (1775)

Investir deveria ser mais parecido com observar tinta secar ou grama crescer. Se você quer excitação, pegue oitocentos dólares e vá para Las Vegas.

PAUL SAMUELSON, economista (1915-2009)

Outubro. Esse é um dos meses peculiarmente perigosos para especular em ações. Os outros são julho, janeiro, setembro, abril, novembro, maio, março, junho, dezembro, agosto e fevereiro.

MARK TWAIN, escritor (1835-1910), *Pudd'nhead Wilson* (1894)

Como gnus migrantes, os investidores vão atrás uns dos outros e dos analistas. De vez em quando encontram um barranco em sua jornada.

JEROEN VAN DER VEER, homem de negócios (1947-)

J

“ Jogos de azar

O jogo de azar conhecido como negócio lança um olhar de severa reprovação para o negócio conhecido como jogo de azar.

AMBROSE BIERCE, satirista (1842-1914), *O dicionário do diabo* (1911)

O tipo de projeto que Deus construiria se tivesse dinheiro.

CITYCENTER da MGM Mirage em Las Vegas Strip na descrição de um concorrente, citado na *Economist*, 2009

No cassino, a regra cardeal é mantê-los jogando
e voltando. Quanto mais tempo jogam,
mais perdem, e no fim ficamos com tudo.

SAM “ACE” ROTHSTEIN, personagem em *Cassino* (filme, 1995)

L

“ Liderança

Quem dá bom conselho constrói com uma das mãos;
quem dá bom conselho e exemplo constrói com ambas;
mas quem dá boa advertência e mau exemplo constrói
com uma e derruba com a outra.

FRANCIS BACON, filósofo (1561-1626)

Administradores fazem as coisas corretamente.
Líderes fazem a coisa correta.

WARREN BENNIS, acadêmico (1925-2014),
Managing People is Like Herding Cats (1999)

Muitos líderes com quem conversei dão expressão a seu lado feminino. Muitos líderes do sexo masculino são quase bissexuais em sua capacidade de ser abertos e reflexivos.

WARREN BENNIS

Tornar-se um líder é sinônimo de tornar-se o que se é.
É precisamente tão simples assim, e também tão difícil.

WARREN BENNIS

O mais perigoso mito sobre liderança é que os líderes são natos – que há um fator genético para a liderança. Segundo esse mito, as pessoas simplesmente possuem certas características carismáticas, ou não. Isso é tolice; de fato, o oposto é verdadeiro. Os líderes não nascem, eles são feitos.
WARREN BENNIS

O exemplo tem mais seguidores que a razão. Imitamos inconscientemente o que nos agrada, e aproximamo-nos sem sentir das personalidades que mais admiramos.
CHRISTIAN NESTELL BOVEE (1820-1904),
Intuitions and Summaries of Thought (1862)

Dirige teu negócio, ou ele te dirigirá.
BENJAMIN FRANKLIN, polímata (1705-90)

As questões permanecem sem resposta porque para tratar delas os administradores de nível mais alto devem primeiro admitir, para si mesmos e para seus empregados, que não estão no pleno controle do futuro de sua companhia. Assim o urgente afugenta o importante, o futuro fica em grande parte inexplorado; e a capacidade de agir, em vez da capacidade de pensar e imaginar, torna-se a única medida da liderança.
GARY HAMEL e C.K. PRAHALAND, escritores,
Competindo pelo futuro (1996)

A própria essência da liderança é a necessidade de ter visão. Não se pode soprar um clarim duvidoso.
THEODORE HESBURGH, padre (1917-)

Um líder deve identificar-se com o grupo, deve apoiá-lo, mesmo correndo o risco de desagradar superiores. Ele deve acreditar que o grupo quer dele uma sensação de apoio. Se esse sentimento prevalecer, produção, disciplina, moral serão elevados, e em troca pode-se exigir a cooperação para promover os objetivos da comunidade.

VINCE LOMBARDI, treinador de futebol americano (1913-70)

A única maneira pela qual alguém pode liderá-lo é restaurando em você a crença em sua própria orientação.

HENRY MILLER, escritor (1891-1980)

A liderança não pode simplesmente delegar administração; em vez de distinguir administradores de líderes, deveríamos ver administradores como líderes, e liderança como administração bem-exercida.

HENRY MINTZBERG, acadêmico (1939-), *Managing* (2009)

Não é preciso ser um gênio para saber que toda organização prospera quando tem dois líderes. Vá em frente, cite um país que não tenha dois presidentes. Um barco que zarpe sem dois capitães. E onde estaria o catolicismo sem os papas?

OSCAR NUNEZ, personagem em *The Office* (série de TV americana)

Afrouxar as rédeas, para permitir que mil flores desabrochem e uma centena de escolas rivalizem, é a melhor maneira de manter vigor em tempos arriscados, vertiginosos.

TOM PETERS, escritor (1942-)

“ Linguagem e jargão da administração

O que preciso é de uma lista de problemas desconhecidos específicos que encontraremos.
MEMORANDO ANÔNIMO para staff numa companhia de transporte marítimo

Ouço gerentes no banco [dizerem]: “Vamos nos comunicar sobre esse assunto offline.” Acho que isso significa que vamos conversar pessoalmente sobre isso, mas ainda não tenho certeza.
ANÔNIMO, cinquenta piores exemplos de linguagem administrativa, BBC

Não sou capaz de falar bem o bastante para ser ininteligível.
JANE AUSTEN, escritora (1775-1817), *A abadia de Northanger* (1817)

O que distingue um pensamento empresarial de um pensamento normal é que pensamentos empresariais têm um “doravante” que se projeta no fim. É vital também que você saiba que, para obter um diferencial e aproveitar a janela de oportunidade, os clientes deveriam primeiro tornar-se investidores e depois ter sua satisfação garantida. Para isso, os principais executivos farão um esforço extra, pondo-se no lugar do cliente. E lembre-se, o cliente é rei (a menos que seja uma mulher).
GUY BROWNING, humorista (1964-), *Office Politics* (2006)

Se não somos capazes de enunciar um assunto com clareza suficiente para que até uma criança inteligente de doze anos possa entender, deveríamos permanecer dentro das salas

enclausuradas da universidade e do laboratório até conseguirmos uma melhor compreensão de nossa disciplina.
MARGARET MEAD, antropóloga (1901-78)

O pessoal que trabalha para grandes organizações corporativas se vê usando linguagem administrativa como uma maneira de disfarçar o fato de não ter feito adequadamente o seu trabalho. Há quem pense que é fácil abrir caminho blefando, usando palavras e frases compridas e impressionantes, ainda que não saiba o que elas significam.
RELATÓRIO da Plain English Campaign

Você e eu andamos pela estrada ou pela ferrovia,
mas os economistas viajam na infraestrutura.
MARGARET THATCHER, primeira-ministra britânica (1925-2013)

Os negócios nos romances: cinco citações da literatura

O segredo de grandes fortunas sem causa aparente
é um crime esquecido, porque foi bem feito.
HONORÉ DE BALZAC, *O pai Goriot*

Renda anual vinte libras, gasto anual dezenove libras, dezenove xelins e seis *pence*, resultado felicidade. Renda anual vinte libras, gasto anual vinte libras e seis *pence*, resultado sofrimento. A flor adoece, a folha murcha, o deus do dia cai sobre a cena sombria, e – e em poucas palavras você está derrubado para sempre.
CHARLES DICKENS, *David Copperfield*

Gosto do trabalho: ele me fascina. Posso me sentar e passar horas contemplando-o.

JEROME K. JEROME, *Três homens e uma canoa*

O público compõe-se de porcos; a publicidade é o chocalhar de uma vara dentro de um balde de lavagem.

GEORGE ORWELL, *Mantenha o sistema*

É muito vulgar falar sobre o próprio negócio. Só pessoas como corretores o fazem e, mesmo assim, apenas em jantares festivos.

OSCAR WILDE, *A importância de ser prudente*

M

“ A mais antiga profissão

A profissão de prostituta é a única carreira em que a remuneração máxima é paga à mais nova aprendiz. É a única profissão em cujo início o único esforço é o da autogratificação, em que todas as recompensas estão no começo. Ela é a materialização sempre renovada da velha fábula da venda da alma ao Diabo. O tentador oferece riqueza, conforto, arroubo, mas em troca a vítima deve vender sua alma, e a outra parte não se esquece tampouco de cobrar o que lhe é devido até o último centavo.
CHARLES BOOTH, filantropo (1840-1916)

A prostituição é o supremo triunfo do capitalismo. O pior de tudo é que ela reforça todos os velhos clichês estúpidos sobre a sexualidade das mulheres; que elas não foram feitas para apreciar o sexo e são pouco mais que auxiliares ambulantes para a masturbação, coisas com que SE FAZEM coisas, coisas tão nulas e vazias sensualmente que têm de ser pagas para condescenderem na fornicação, que as mulheres podem ser possuídas, compradas, com frequência vendidas por um homem a outro. Quando a guerra dos sexos for vencida, as prostitutas deveriam ser fuziladas como colaboradoras por sua terrível traição a todas as mulheres, por terem humilhado publicamente as mulheres indígenas que tiveram a má sorte de viver no que elas transformaram em seu terreno de fornicação.

JULIE BURCHILL, escritora (1959-)

Se meu negócio fosse legítimo, eu deduziria uma porcentagem substancial por depreciação do meu corpo.

XAVIERA HOLLANDER, garota de programa (1943-), *A aliciadora feliz* (1971)

Dizemos que a escravidão desapareceu da civilização europeia, mas não é verdade. A escravidão ainda existe, mas agora envolve apenas mulheres e seu nome é prostituição.

VICTOR HUGO, escritor (1802-85), *Os miseráveis* (1862)

Marketing

Neste mundo a única maneira de influenciar outras pessoas é falar sobre o que elas querem e lhes mostrar como conseguir.

DALE CARNEGIE, escritor (1888-1955), *Como fazer amigos e influenciar pessoas* (1936)

Ninguém gosta de sentir que estão lhe vendendo alguma coisa ou lhe dizendo para fazer uma coisa. Preferimos de longe sentir que estamos comprando por escolha própria ou agindo com base em nossas próprias ideias. Gostamos de ser consultados sobre nossos desejos, nossas vontades, nossos pensamentos.

DALE CARNEGIE, *Como fazer amigos e influenciar pessoas* (1936)

Você pode fechar mais negócios em dois meses tornando-se interessado em outras pessoas que em dois anos tentando fazer as pessoas se interessarem por você.

DALE CARNEGIE, *Como fazer amigos e influenciar pessoas* (1936)

"Marketing" tornou-se uma palavra elegante. Mas um coveiro continua sendo um coveiro mesmo quando é chamado de "agente funerário" – só o preço do enterro aumenta.

PETER DRUCKER, escritor (1909-2005), *Administrando para obter resultados* (1964)

O objetivo do marketing é tornar a venda supérflua.

PETER DRUCKER, *Administração* (1973)

Acreditamos no que queremos acreditar, e depois que acreditamos em uma coisa, ela promove sua própria verdade.

SETH GODIN, empresário (1960-), *Todo marqueteiro é mentiroso!* (2005)

Não tentar mudar a visão de mundo de uma pessoa é a estratégia que marqueteiros inteligentes seguem. Não tentar usar fatos para provar seus argumentos e insistir em que as pessoas mudem suas inclinações. Não há tempo suficiente, nem dinheiro suficiente. Em vez disso, identifique uma população com certa visão de mundo, formule sua história nos termos dessa visão e você ganha.

SETH GODIN, *Todo marqueteiro é mentiroso!* (2005)

Marketing é uma questão de propagar ideias, e propagação de ideias é o produto mais importante de nossa civilização.

SETH GODIN, *Todo marqueteiro é mentiroso!* (2005)

É fácil supor que as pessoas estão se conformando quando as vemos todas escolherem a mesma opção, mas, quando nós próprios escolhemos exatamente essa opção, não nos faltam razões perfeitamente boas para explicar por que estamos por acaso fazendo o mesmo que aquelas outras pessoas; elas se conformam de modo irrefletido, mas nós conscientemente escolhemos. ... Em vez de estarmos sós numa multidão de cordeiros, somos todos indivíduos em pele de cordeiro.

SHEENA IYENGAR, acadêmica (1969-), *A arte da escolha* (2010)

Marketing não é a arte de encontrar maneiras inteligentes de se livrar do que você faz. Marketing é a arte de criar genuíno valor para o cliente. É a arte de ajudar seus clientes a ficarem mais prósperos.

PHILIP KOTLER, acadêmico (1931-), *Marketing de A a Z* (2003)

Marketing autêntico não é a arte de vender o que você faz, mas de saber o que fazer.

PHILIP KOTLER, *Administração de marketing* (1967)

A empresa tem apenas duas funções – marketing e inovação.

MILAN KUNDERA, escritor (1929-)

No mundo empresarial moderno, é inútil ser um pensador original, a menos que você possa também vender o que cria. Não se pode esperar que a administração reconheça uma boa ideia, a menos que ela lhe seja apresentada por um bom vendedor.

DAVID OGILVY, executivo publicitário (1911-99), *Confissões de um publicitário* (1961)

Marketing não é uma batalha de produtos, é uma batalha de percepções.

AL RIES e JACK TROUT, *As 22 consagradas leis do marketing* (1994)

Não acredito em censura, mas acredito que já temos censura na chamada teoria do marketing – a saber, a única informação que obtemos na mídia convencional é para fins lucrativos.

SAM SHEPARD, diretor de cinema (1943-)

Propaganda não é uma forma de arte. O único objetivo do marketing é vender mais coisas com mais frequência para mais gente por mais dinheiro.

SERGIO ZYMAN, executivo de marketing (1945-), *O fim do marketing como nós conhecemos* (1999)

Meio ambiente

Com *laissez-faire* e conta atômica,
A ecologia é antieconômica,

Mas com outro tipo de lógica
A economia é antiecológica.*

KENNETH BOULDING, economista (1910-93),
The Careless Technology (1973)

A moderna tecnologia
Deve desculpas
À ecologia.**

ALAN EDDISON, ambientalista, *Worse Verse* (1969)

A única máquina grande o bastante para afetar
a Mãe Natureza é o Pai Cobiça.

THOMAS FRIEDMAN, escritor (1953-), *New York Times*, dezembro de 2009

O capital natural não é renda, mas gastamos
como se fosse um rendimento, como se ele fosse
voltar no ano que vem sem nenhum problema.

SUSAN GEORGE, cientista política (1934-),
entrevista ao Transnational Institute

A melhor coisa que podemos fazer com um ambientalista é lhe dar um tiro. Esses malucos querem tornar as viagens aéreas um privilégio dos ricos. São ludistas que nos levam de volta para o século XVIII.

MICHAEL O'LEARY, diretor-executivo da Ryanair (1961-)

---

* With laissez-faire and price atomic,/ Ecology's Uneconomic,/ But with another kind of logic/ Economy's Unecologic.

** Modern technology/ Owes ecology/ An apology.

“ Mercados

Eu seria um vagabundo de rua com um copo de lata
se os mercados fossem sempre eficientes.

WARREN BUFFETT, investidor (1930-), citado na *Fortune*, abril de 1995

Com algumas notáveis exceções, os homens de negócios
são favoráveis à livre-iniciativa em geral, mas opõem-se a ela
quando se trata deles próprios.

MILTON FRIEDMAN, economista (1912-2006), palestra, 1983

O mercado pode permanecer irracional por mais tempo
do que você pode permanecer solvente.

JOHN MAYNARD KEYNES, economista (1883-1946)

Boas empresas atenderão a necessidades.
Excelentes empresas criarão mercados.

PHILIP KOTLER, acadêmico (1931-), *Administração de marketing* (1967)

A longo prazo, todo mercado torna-se uma corrida
de dois cavalos.

AL RIES e JACK TROUT, *As 22 consagradas leis do marketing* (1994)

“ Mercados emergentes

Quando eu era criança, meus pais me diziam: “Termine seu jantar.
As pessoas na China e na Índia estão famintas.” Eu digo

às minhas filhas: "Terminem seu dever de casa. As pessoas na China e na Índia estão famintas pelo seu emprego."
THOMAS FRIEDMAN, escritor (1953-), *O mundo é plano* (2005)

Lembre-se: na China, se você for um em um milhão, ainda haverá 1.300 pessoas exatamente como você.
DITADO da Microsoft

" Mídia

A imprensa é o agente contratado de um sistema rico, e estabelecido para o único propósito de contar mentiras ali onde seus interesses estão envolvidos.
HENRY ADAMS, escritor (1838-1918), *The Letters of Henry Adams* (1882)

Com toda a mídia de massa concentrada em poucas mãos, a antiga fé na competição de ideias no livre mercado parece um eco oco de uma época muito mais simples.
KINGMAN BREWSTER JUNIOR, acadêmico e diplomata (1919-88)

Segundo Burke, havia Três Estados no Parlamento; mas, na Galeria dos Repórteres, acolá, sentava-se um Quarto Estado muito mais importante do que todos eles.
THOMAS CARLYLE, historiador (1795-1881), citando Edmund Burke em *On Heroes and Hero Worship* (1841)

Liberdade de imprensa na Grã-Bretanha é liberdade para imprimir aqueles preconceitos do proprietário a que os anunciantes não farão objeção.

HELEN SWAFFER

O negócio da TV é mais feio que a maioria das coisas. Ele é normalmente percebido como uma espécie de vala rasa e cruel de dinheiro que atravessa o coração da indústria do jornalismo, um longo corredor de plástico onde ladrões e cafetões correm soltos e homens bons morrem como cães, à toa.

HUNTER S. THOMPSON, escritor (1937-2005), *Gonzo Papers*, vol.2 (1988)

O fato é que o público tem uma insaciável curiosidade por saber tudo. Exceto o que vale a pena conhecer. O jornalismo, consciente disso, e tendo hábitos de negociante, satisfaz suas demandas.

OSCAR WILDE (1854-1900), *A alma do homem sob o socialismo* (1891)

A mídia é a entidade mais poderosa na Terra. Eles têm o poder de tornar o inocente culpado e o culpado inocente, e isso é poder. Porque controlam as mentes das massas.

MALCOLM X, ativista dos direitos dos negros (1925-65)

Motivação

Se você pensa que pode fazer uma coisa ou pensa que não pode fazer uma coisa, está certo.

HENRY FORD, industrial (1863-1947)

Em geral um homem tem duas razões para fazer uma coisa. Uma que soa bem, e uma verdadeira.
JOHN PIERPONT MORGAN, banqueiro (1837-1913)

Mudança

A mudança é inevitável, exceto nas máquinas de vender.
ANÔNIMO

Nada tolhe mais o avanço de uma empresa – e das pessoas que nela trabalham – que falta de interesse pela mudança positiva. Não é possível ficar parado: ou se recua ou se avança.
JOHN ADAIR, acadêmico (1934-)

Os comerciantes não são como costumavam ser, os aprendizes não são os mesmos, os negócios não são os mesmos, as mercadorias não são as mesmas. Sete oitavos de meu estoque estão antiquados. Sou um homem antiquado, numa loja antiquada, numa rua que não é mais a mesma de que me lembro. Atrasei-me em relação ao tempo, e estou velho demais para voltar a alcançá-lo.
CHARLES DICKENS, escritor (1812-70), *Dombey & Son* (1846-48)

A mudança quase nunca fracassa por chegar cedo demais. Ela fracassa quase sempre por chegar atrasada demais.
SETH GODIN, empresário (1960-), *Tribos* (2008)

Há pelo menos um ponto na história de qualquer empresa em que é preciso mudar drasticamente para passar ao nível seguinte de desempenho. Perca esse momento, e você começa a declinar.

ANDREW GROVE, homem de negócios (1936-)

Em geral monarcas no poder não lideram revoluções. No entanto, a maioria dos sistemas de administração atribui uma parcela desproporcional de influência sobre estratégia e política a um punhado de executivos mais graduados. Ironicamente, essas são as pessoas com mais poder e com maior tendência a defender o status quo. É por isso que os responsáveis muitas vezes abandonam o futuro para arrivistas. A única solução é desenvolver sistemas de administração que redistribuam o poder para aqueles que têm a maior parte de seu patrimônio emocional investido no futuro e têm menos a perder com a mudança.

GARY HAMEL, escritor (1954-), *Harvard Business Review*, abril de 2010

No tocante ao sistema internacional, riqueza e poder, ou força econômica e força militar, são sempre relativos ... e como todas as sociedades estão sujeitas à inexorável tendência à mudança, os equilíbrios internacionais nunca podem ser estáticos.

PAUL KENNEDY, historiador (1945-), *Ascensão e queda das grandes potências* (1987)

Mude tudo exceto sua mulher e seus filhos.

LEE KUN-HEE, presidente da Samsung (1942-), discurso para administradores, 1993

A abordagem gradativa à mudança é eficaz quando o que você deseja é mais do que já tem.

RICHARD PASCALE, acadêmico (1936-)

Mudar o rumo de uma grande companhia é como tentar manobrar um porta-aviões. Leva uma milha até que alguma coisa aconteça. E, se tiver sido uma virada errada, voltar ao antigo curso leva mais tempo ainda.

AL RIES, consultor de marketing (1926-), *Posicionamento* (2000)

As pessoas não resistem à mudança. Elas resistem a ser mudadas.

PETER SENGE, cientista (1947-), *A quinta disciplina* (1990)

A colaboração é vital para sustentar o que chamamos de mudança profunda, porque sem ela as organizações são simplesmente esmagadas pela força do status quo.

PETER SENGE

O único homem que conheço que se comporta de maneira sensata é meu alfaiate: ele toma minhas medidas de novo a cada vez que me vê. Os demais continuam com suas velhas medidas e esperam que eu me encaixe nelas.

GEORGE BERNARD SHAW, dramaturgo (1856-1950), *Homem e super-homem*

Mude antes que seja forçado.

JACK WELCH, homem de negócios (1935-), *Six Rules for Successful Leadership*

“ Mulheres nos negócios

Não jogo golfe. Não vou ao banheiro masculino. Eu não tinha a habilidade para estabelecer relações que os homens têm.

JILL BARAD, mulher de negócios (1951-)

Muitos estudos mostraram que mulheres que promovem seus próprios interesses vigorosamente são vistas como agressivas, não cooperativas e egoístas. Igual número de estudos mostrou que a não promoção de seus próprios interesses por parte das mulheres resulta numa falta de líderes do sexo feminino.

JOANNA BARSH, SUSIE CRANSTON e REBECCA A. CRASKE, “Centered leadership”, *McKinsey Quarterly*, setembro de 2008

É no momento em que algumas mulheres fundam uma empresa e ninguém dá importância, que sabemos ter chegado lá.

BARBARA CASSANI, mulher de negócios (1960-)

As pessoas supõem que você foi para a cama para chegar ao topo. Francamente, assim eu não poderia ter chegado nem à metade do caminho.

JONI EVANS, mulher de negócios (1942-)

Mulheres não vencem corridas de Fórmula 1 porque simplesmente não são fortes o bastante para resistir às forças gravitacionais. Na sala de reunião é diferente. Creio que as mulheres são mais capazes de organizar seus pensamentos que os homens e, por serem menos egocêntricas, fazem menos suposições.

NICOLA FOULSTON, mulher de negócios (1972-), citada no *Independent*, abril de 1995

Muitas mulheres dizem: "Tenho dinheiro suficiente." Raras vezes ouvi um homem dizer isso.

MYRA HART, acadêmica (1940-), "How Women Can Get More Venture Capital", entrevista à *HBS Working Knowledge* (2004)

É tão mais fácil para os homens. Eles não têm que pintar as unhas para ir a uma reunião.

EVE POLLARD, jornalista (1945-), citada no *Guardian*, dezembro de 1995

As mulheres são apenas homens com menos dinheiro.

PAUL SAMUELSON, economista (1915-2009)

Ainda estou por ouvir um homem pedir conselho sobre como conciliar casamento e uma carreira.

GLORIA STEINEM, escritora (1934-)

Os homens são ensinados a se desculpar por suas fraquezas, as mulheres por suas forças.

LOIS WYSE, executiva publicitária (1926-2007)

N

“ Negociação e acordo

Aqui está a regra para acordos: “Tire proveito de outros homens, pois eles tirariam proveito de você.” Esse é o verdadeiro preceito dos negócios.

CHARLES DICKENS, escritor (1812-70), *Martin Chuzzlewit* (1843-44)

O homem que se dispõe a ir ao seu encontro na metade do caminho em geral avalia mal a distância.

LAURENCE PETER, professor e escritor (1919-90)

Dou três vezes tanta terra
A qualquer amigo merecedor;
Mas em se tratando de negócio, tomai nota,
Crio caso pela nona parte de um cabelo.*

WILLIAM SHAKESPEARE, dramaturgo (1564-1616), Hotspur em *Henrique IV*, Parte I

* I'll give thrice so much land/ To any well-deserving friend;/ But in the way of bargain, mark ye me,/ I'll cavil on the ninth part of a hair.

Acordos são minha forma de arte. Outras pessoas pintam lindamente sobre telas ou escrevem maravilhosa poesia. Eu gosto de fazer acordos, de preferência grandes acordos.

DONALD TRUMP, homem de negócios (1946-), revista *New York*, novembro de 1987

Negócios agrícolas

Quem trabalha a sua terra terá fartura de alimento, mas quem vai atrás de fantasias não tem juízo.

BÍBLIA, Provérbios 12:11

Hoje a agricultura é uma indústria alimentícia motorizada, igual em essência à produção de cadáveres nas câmaras de gás e aos campos de extermínio, igual aos bloqueios e à redução de países à fome, igual à fabricação de bombas de hidrogênio.

MARTIN HEIDEGGER, filósofo (1889-1976), conferência, 1949

Quando você se concentra na agricultura e na indústria e é frugal nos gastos, o Ceú não pode empobrecer seu Estado.

XUN ZI, filósofo confucionista (312-230 a.C.)

Negócios em volta da mesa

Senhor, vou revelar em cinco palavras toda a sabedoria que destilei ao longo de todos esses anos de todos os escritos de

todos os economistas que alguma vez praticaram sua ciência em seu reino. Aqui está o meu texto: "Não existe almoço de graça."
FÁBULA comercial anônima

A qualidade da comida é inversamente proporcional à altitude de um restaurante, especialmente no alto de prédios de bancos e hotéis (aviões são um exemplo extremo).
BRYAN MILLER, crítico gastronômico

Um conselho que darei a jovens escritores: quando chegar ao ponto em que o levam para almoçar fora, deixe que o editor sugira aonde ir.
JERRY POURNELLE, escritor (1933-)

Aprovo o sistema de convidar para jantar; ele deixa as pessoas de bom humor e as leva a concordar com o que de outro modo não concordariam: um jantar lubrifica os negócios.
WILLIAM STOWELL, juiz (1745-1836), citado em *Life of Lord Stowell*, de William Townsend (1845)

“ Objetivo

O negócio dos negócios é fazer negócio.
ALFRED SLOAN, industrial (1875-1966)

“ Obsessão

Executivos são como corredores. Se você detém um corredor, ele continua correndo no mesmo lugar. Se você arrasta um executivo para fora de sua empresa, ele continua correndo no mesmo lugar, dando patadas no chão, falando de negócios. Não cessa de avançar a toda pressa, tomando decisões e executando-as.
JEAN BAUDRILLARD, sociólogo (1929-2007), *Cool Memories* (1987)

Não acredito que um homem possa em algum momento deixar sua empresa. Ele deve pensar nela durante o dia e sonhar com ela à noite.
HENRY FORD, industrial (1863-1947)

Obstáculos

Não há grandes problemas, há apenas uma grande quantidade de pequenos problemas.
HENRY FORD, industrial (1863-1947)

É quando transforma obstáculos em oportunidades que o homem é mais singularmente humano.
ERIC HOFFER, filósofo (1902-83), *Between the Devil and the Dragon* (1982)

Nenhum problema pode ser resolvido até ser reduzido a uma forma simples. A transformação de uma vaga dificuldade numa forma específica, concreta, é um elemento muito essencial no pensamento.
JOHN PIERPONT MORGAN, banqueiro (1837-1913)

As coisas só são impossíveis até deixarem de ser.
JEAN-LUC PICARD, comandante da nave estelar *Enterprise*

Para todo problema complexo há uma solução simples que está errada.
GEORGE BERNARD SHAW, dramaturgo (1856-1950)

O sucesso deve ser medido não tanto pela posição que uma pessoa alcançou na vida quanto pelos obstáculos que enfrentou tentando alcançá-la.
BOOKER T. WASHINGTON, professor (1856-1915)

“ Operações

Nada é mais necessário nos negócios que prontidão e eficiência.

JOSEPH ADDISON, ensaísta e dramaturgo (1672-1719), *The Drummer* (1716)

“ Otimismo

Em geral os pessimistas estão certos, e os otimistas, errados, mas todas as grandes mudanças foram levadas a cabo por otimistas.

THOMAS FRIEDMAN, escritor (1953-), *O mundo é plano* (2005)

Uma das maiores tendenciosidades na tomada de decisões arriscadas é o otimismo.

DANIEL KAHNEMAN, psicólogo (1934-), *McKinsey Quarterly*, maio de 2008

P

“ Pensamento sobre administração

Em geral, as empresas continuam mais interessadas pelo pensamento que qualquer outro setor da sociedade. A razão disso é a existência de um teste de realidade. Há um valor final do balanço. Há números de vendas e números de lucro. Há resultados.

EDWARD DE BONO, consultor (1933-), Management-Issues.com, junho de 2010

Para pessoas em qualquer posição de autoridade a capacidade de dizer não é a mais importante habilidade. ... Não, você não pode ter um aumento. Não, você não pode ser promovido. Não, você não pode viajar na *club class*. Não, nós não vamos a um seminário fora da empresa para discutir como devemos viver nossos valores essenciais. ... Um amor ilógico pelo Sim é a base de todo o moderno pensamento sobre administração. O administrador moderno ideal deve habilitar, fortalecer, estimular e promover, o que significa que sua posição habitual deve ser Sim. Em contraposição, o Não é considerado desmotivador, não criativo e algo completamente mau.

LUCY KELLAWAY, escritora (1959-), *Financial Times*, julho de 2007

“ Pesquisa de mercado

Algumas pessoas usam pesquisas como um bêbado usa um poste de luz: para apoio, não para iluminação.

DAVID OGILVY, executivo publicitário (1911-99), citado na revista *New York*, agosto de 1983

Administrar uma companhia com base em pesquisas de mercado é como dirigir olhando para o espelho retrovisor.

ANITA RODDICK, mulher de negócios (1942-2007), citada no *Independent*, agosto de 1997

Grupos de foco são uma perda de tempo, cheios de pessoas que lhe dizem o que você quer ouvir para poderem ir para casa.

SERGIO ZYMAN, executivo de marketing (1945-)

“ Planejamento

Previsão é muito difícil. Especialmente sobre o futuro.

NIELS BOHR, cientista (1885-1962), atribuída

Meça duas vezes, corte uma.

MANTRA dos carpinteiros

O planejamento é um processo antinatural; é muito mais divertido fazer alguma coisa. E o que há de melhor na falta de planejamento é que o fracasso chega como uma completa

surpresa em vez de ser precedido por um período
de preocupação e depressão.
JOHN HARVEY JONES, homem de negócios (1924-2008)

Estabelecer uma meta corretamente é estar
a meio caminho de atingi-la.
ABRAHAM LINCOLN, presidente dos Estados Unidos (1809-65)

Um corretor da bolsa estimulou-me a comprar ações
cujo valor triplicaria a cada ano. Eu disse a ele:
"Na minha idade, não compro nem bananas verdes."
CLAUDE PEPPER, político (1900-89)

Pobreza

Sempre estive em busca dos sinais do grande luxo. Mas a
única coisa que consegui foram os sinais da grande pobreza.
Obtive a carga errada de sinais, e ela se revelou uma carga
podre, que eu poderia muito bem ter dispensado.
PETER COOK, satirista (1937-95), *Beyond the Fringe* (teatro, anos 1960)

Ser ocioso e ser pobre sempre foram censurados, e por isso todo
homem empenha-se, com o máximo de cuidado, em esconder
sua pobreza dos outros e sua ociosidade de si mesmo.
SAMUEL JOHNSON, escritor (1709-84)

Se pararmos de pensar nos pobres como vítimas ou como um fardo e começarmos a reconhecê-los como empreendedores resilientes e criativos e consumidores com consciência de valor, todo um novo mundo de oportunidades se abrirá.

C.K. PRAHALAD, acadêmico (1941-2010),
A riqueza na base da pirâmide (2004)

“ Poder

Poder é a última palavra suja dos Estados Unidos. É mais fácil falar sobre dinheiro – e muito mais fácil falar sobre sexo – do que falar sobre poder. Aqueles que o possuem o negam; aqueles que o desejam não querem parecer ávidos por ele; e aqueles que se envolvem em suas maquinações o fazem secretamente.

ROSABETH MOSS KANTER, acadêmica (1943-), "Power Failure in Management Circuits", *Harvard Business Review*, julho de 1979

Os desprovidos de poder vivem num mundo diferente. Não tendo provisões, informação ou apoio para fazer coisas acontecerem facilmente, eles podem se voltar em vez disso para a última arma dos que não possuem poder produtivo – poder opressivo: retardar o progresso de outros e puni-los com quaisquer ameaças que possam encontrar.

ROSABETH MOSS KANTER, "Power Failure in Management Circuits", *Harvard Business Review*, julho de 1979

[Dentro das empresas há] ilhas de poder consciente nesse oceano de cooperação inconsciente, como pedaços de manteiga coagulando num balde de leite.

DENNIS HOLME ROBERTSON, economista (1890-1963), citado em *The Nature of the Firm*, de Ronald Coase (1937)

Preço

Há dois tipos de companhias, as que trabalham para cobrar mais e as que trabalham para cobrar menos. Seremos do segundo tipo.

JEFF BEZOS, fundador da Amazon (1964-)

Não há vitória a preços de liquidação.

DWIGHT D. EISENHOWER, presidente dos Estados Unidos (1890-1969), discurso para as tropas antes dos desembarques na Normandia

Se você precisa perguntar quanto custa,
não tem condições de comprar.

JOHN PIERPONT MORGAN, banqueiro (1837-1913)

Preços são importantes não porque o dinheiro seja considerado supremo, mas porque os preços são um rápido e eficiente transmissor de informação em uma sociedade vasta em que o conhecimento fragmentado precisa ser coordenado.

THOMAS SOWELL, economista (1930-), *Knowledge and Decisions* (1980)

No palanque: cinco citações de políticos

O vício inerente ao capitalismo é a divisão desigual das bênçãos, ao passo que a virtude inerente ao socialismo é a divisão igual da miséria.

WINSTON CHURCHILL

O principal negócio do povo dos Estados Unidos são os negócios.

CALVIN COOLIDGE

Deixe-me contar uma queixa que nós, israelenses, temos contra Moisés. Ele nos fez andar pelo deserto durante quarenta anos para nos trazer para o único ponto no Oriente Médio que não tem petróleo.

GOLDA MEIR

O melhor executivo é aquele sensato o bastante para escolher bons homens para fazer o que ele quer que seja feito, e conter-se para não se intrometer enquanto eles estão fazendo.

THEODORE ROOSEVELT

Governos socialistas tradicionalmente fazem uma bagunça financeira. Eles sempre acabam sem o dinheiro dos outros. É realmente uma característica deles.

MARGARET THATCHER

“ Preguiça

Entre as principais preocupações dos executivos empresariais de hoje está o grande número de desempregados ainda nas folhas de pagamento.
ANÔNIMO

Sempre que há um trabalho difícil a ser feito, eu o designo para um preguiçoso; ele encontrará na certa uma maneira fácil de fazê-lo.
WALTER CHRYSLER, fabricante de automóveis (1875-1940)

Pode-se conhecer uma pessoa pelo tipo de mesa que mantém. Se o presidente de uma companhia tem uma mesa limpa, deve ser o vice-presidente-executivo que está fazendo todo o trabalho.
HAROLD GENEEN, homem de negócios (1910-97), *Managing* (1984)

Este serviço é unicamente uma questão de aplicação. Do traseiro à cadeira.
RICHARD HERRING, comediante (1967-)

Dizemos hoje que a Ciência da Economia, ou dos Negócios, é o principal interesse da humanidade. Os negócios são uma atividade inteligente, útil. A palavra “*busy-ness*” [ocupação] foi cunhada no tempo de Chaucer por certos aristocratas-soldados, homens da classe ociosa, que se orgulhavam do fato de não fazer nada de útil. Os homens de poder provavam seu talento mantendo escravos, e estes faziam todo o trabalho. Ser ocioso mostrava que não se era um escravo. Mas essa palavra, “*business*” [negócios], antes desdenhada, assim como puritano, metodista e quaker, tornou-se algo de que se orgulhar. Ociosidade é a desgraça, não *busy-ness*.

ELBERT HUBBARD, filósofo (1856-1915), *The Philosophy of Elbert Hubbard* (1916)

Quando estamos desempregados, somos chamados de preguiçosos; quando os brancos estão desempregados o nome disso é depressão.

JESSE JACKSON, ativista dos direitos dos negros (1941-)

Gosto do trabalho: ele me fascina. Posso me sentar e passar horas contemplando-o.

JEROME K. JEROME, escritor (1859-1927), *Três homens e uma canoa* (1889)

Todas as grandes invenções tecnológicas do homem – o avião, o automóvel, o computador – dizem pouco sobre sua inteligência, mas revelam muito sobre sua preguiça.

MARK KENNEDY, político (1957-)

Não fazer nada é muito difícil... a gente nunca sabe quando terminou.

LESLIE NIELSEN, comediante (1926-2010)

Essa tendência comum a "pegar leve" é muito intensificada quando reunimos vários homens num trabalho semelhante e com uma taxa uniforme de pagamento pelo dia.

FREDERICK WINSLOW TAYLOR, engenheiro (1856-1915), *Princípios de administração científica* (1911)

O trabalho é a maldição das classes bebedoras.

OSCAR WILDE, escritor (1854-1900), citado em *Oscar Wilde*, de Frank Harris (1916)

Presunção

Num mercado em alta, é preciso evitar o erro do pato vaidoso que grasna presunçosamente depois de uma tempestade torrencial, pensando que suas habilidades para remar o fizeram subir na vida. Um pato sensato iria, em vez disso, comparar sua posição após o aguaceiro com a dos outros patos da lagoa.

WARREN BUFFETT, investidor (1930-), carta aos acionistas da Berkshire Hathaway

A próxima geração começa quando dissermos que começa.

KEN KUTAGARI, presidente da divisão de videogame da Sony (1950-)

Previsões

A Arábia Saudita parece desprovida de quaisquer possibilidades de petróleo.

Atribuída a um DIRETOR DA ANGLO PERSIAN OIL COMPANY em 1926

As ações atingiram o que parece um platô permanentemente elevado.

IRVING FISHER, economista (1867-1947), falando três dias antes do crash da bolsa de valores em 1929

Vocês, jovens, lembrem-se de que a IBM foi construída a partir de cartões perfurados, e cartões perfurados serão sempre a nossa base.

EXECUTIVO DA IBM, sobre o desenvolvimento de um drive de fita por volta de 1940, citado na *Economist*, junho de 2011

Este "telefone" tem deficiências demais para ser seriamente considerado como um meio de comunicação. O aparelho é inerentemente desprovido de valor para nós.

MEMORANDO da Western Union, 1876

Procrastinação

Adoro prazos finais. Gosto do som sibilante que eles produzem quando vão pelos ares.

DOUGLAS ADAMS, escritor (1952-2001)

Somos todos fabricantes. Fazendo o bem, criando problemas ou inventando desculpas.

H.V. ADOLT

Sem ação, o mundo ainda seria uma ideia.

GEORGE DORIOT, fundador da escola de negócios INSEAD (1899-1987)

Até uma decisão correta está errada quando tomada tarde demais.

LEE IACOCCA, homem de negócios (1924-)

O trabalho expande-se para preencher o tempo disponível para sua execução.

CYRIL NORTHCOTE PARKINSON, historiador (1909-93), *A lei de Parkinson* (1957)

Uma boa solução aplicada com vigor agora é melhor que uma solução perfeita aplicada dez minutos mais tarde.

GEORGE PATTON, general americano (1885-1945), citado em *The Unknown Patton* (1983), de Charles M. Province

Produtos

Qualidade num produto ou serviço não é o que o fornecedor põe nele. É o que o cliente obtém e pelo que está disposto a pagar. Um produto não é de qualidade por ser difícil de fazer e custar muito dinheiro, como fabricantes tipicamente acreditam. Isso é incompetência. Clientes pagam apenas pelo que é útil para eles e lhes fornece valor. Nada mais constitui qualidade.

PETER DRUCKER, escritor (1909-2005), *Inovação e espírito empreendedor* (1985)

Um mercado nunca fica saturado com um bom produto, mas fica rapidamente saturado com um ruim.

HENRY FORD, industrial (1863-1947)

Projetar seu produto em primeiro lugar para monetização e, em segundo lugar, para pessoas provavelmente o deixará sem uma coisa nem outra.

TARA HUNT, mulher de negócios (1973-)

Nunca deixe um inventor dirigir uma companhia. É impossível fazê-lo parar de introduzir alterações e pôr alguma coisa no mercado.

ROYAL LITTLE, homem de negócios (1896-1989)

“ Progresso

O comerciante vai para casa para um jantar tardio, após um dia de trabalho duro e de agitação, tentando esquecer os negócios no seio da família, quando é interrompido por um telegrama vindo de Londres. ... e o pobre homem tem de terminar o jantar o mais depressa possível para enviar sua mensagem à Califórnia. O homem de negócios de hoje precisa estar continuamente ativo; o lento trem expresso não atenderá a seu propósito, e o pobre comerciante não tem outra maneira de trabalhar para garantir o sustento de sua família. Ele é obrigado a usar o telégrafo.

W.E. DODGE, homem de negócios (1805-83)

Agitação é insatisfação – e insatisfação é o primeiro requisito do progresso. Mostre-me um homem plenamente satisfeito – e eu lhe mostrarei um fracasso.

THOMAS EDISON, inventor (1847-1931)

Progresso é o que acontece quando a impossibilidade sucumbe à necessidade.

ARNOLD H. GLASOW, humorista (1905-98)

Aqueles que não se industrializam tornam-se lenhadores e carregadores de água.
ALEXANDER HAMILTON, estadista (1755-1894)

Suporta-se a invasão de exércitos, não se suporta a invasão de ideias.
VICTOR HUGO, escritor (1802-85), *História de um crime* (1877)

Na minha opinião, o progresso chegou ao ápice com pizza congelada.
JOHN MCCLANE, personagem em *Duro de matar 2* (filme, 1990)

Não confunda movimento e progresso. Um cavalinho de pau está sempre se movendo, mas não faz nenhum progresso.
ALFRED MONTAPERT, escritor (1906-77)

O homem sensato adapta-se ao mundo; o insensato persiste em tentar adaptar o mundo a si mesmo. Todo progresso depende, portanto, do homem insensato.
GEORGE BERNARD SHAW, dramaturgo (1856-1950), *Maxims for Revolutionists* (1903)

Veja! Os homens tornaram-se as ferramentas de suas ferramentas.
HENRY DAVID THOREAU, escritor e filósofo (1817-62), *Walden ou a vida nos bosques* (1854)

“ Promoção

Seria de imaginar que os preguiçosos formariam uma massa inerte na base de uma organização. Ao contrário, eles são encontrados em todos os níveis nos negócios, até o do presidente. A razão disso é simples: quando alguma coisa dá errado numa empresa, é geralmente porque alguém em algum lugar tentou fazer alguma coisa. Obviamente, se você não faz nada, não pode ser censurado quando as coisas dão errado. As pessoas que passam o dia todo paradas como um dois de paus, ocupadas em desentortar clipes, são portanto as únicas com um registro de sucesso de 100%, e com esse tipo de registro a promoção é inevitável.

GUY BROWNING, humorista (1964-), *Office Politics* (2006)

Numa hierarquia, todo empregado tende a se elevar até o nível de sua incompetência.

LAURENCE PETER, professor e escritor (1919-90), *Todo mundo é incompetente, inclusive você* (com Raymond Hull, 1969)

“ Publicidade

Deixe-me tentar elucidar isto para você. Os Best Company Supermarkets não estão interessados em vender alimentos saudáveis. Eles não estão preocupados com a saúde da nação. O que os afeta é que a nação parece estar ficando preocupada com saúde, e é isso que preocupa os Best Co., porque eles querem continuar vendendo o que sempre venderam, isto é, pães brancos, *baked beans*, comidas enlatadas e aquele pequeno ataque cardíaco supurante que esguicha gordura conhecido como a salsicha britânica.

DENIS DIMBLEBY BAGLEY, personagem em *Como fazer carreira em publicidade* (filme, 1989)

Sem promoção, acontece algo terrível… Nada!

P.T. BARNUM, produtor de espetáculos (1810-91)

Fazer negócios sem anunciar é como piscar para uma garota no escuro.

STUART HENDERSON BRITT, acadêmico (1907-79), *New York Herald Tribune*, outubro de 1956

Torne a coisa simples. Torne-a memorável. Torne-a convidativa ao olhar. Torne-a divertida de se ler.

LEO BURNETT, executivo publicitário (1891-1971)

Qualquer tolo pode escrever um anúncio ruim, mas é preciso ser um verdadeiro gênio para não meter a mão num bom.

LEO BURNETT

Graça sem venda não leva a lugar nenhum, mas venda sem graça tende a se tornar detestável.

LEO BURNETT

Houve tempo em que eu costumava ter muitas ideias. ...
Inventei os sete pecados capitais numa tarde só.
Ultimamente, a única coisa que me ocorreu foi publicidade.

PETER COOK, satirista (1937-95), como o demônio em *O diabo é meu sócio* (filme, 1967)

Se não gosta do que está sendo dito, mude de conversa.

DONALD DRAPER, personagem em *Mad Men* (série de TV americana)

A publicidade contém as únicas verdades confiáveis de um jornal.

THOMAS JEFFERSON, presidente dos Estados Unidos (1743-1826), carta a Nathaniel Macon

A publicidade pode ser descrita como a ciência
de atrair a inteligência humana por tempo suficiente
para ganhar dinheiro com isso.

STEPHEN LEACOCK, escritor (1869-1944), *The Garden of Folly* (2004)

A publicidade é a melhor forma de arte do século XX.

MARSHALL MCLUHAN, professor e filósofo (1911-1980), *Advertising Age*, 1976

O trabalho do publicitário é fazer que levemos nossas vidas
com algum feitiço, melodia ou slogan mágico pulsando
silenciosamente no fundo de nossas mentes.

MARSHALL MCLUHAN, *Commonweal*, setembro de 1953

A Chapeuzinho Vermelho moderna, criada nos comerciais cantados, não faz nenhuma objeção a ser comida pelo lobo.

MARSHALL MCLUHAN, "Book of the Hour", *The Mechanical Bride* (1951)

O meio é a mensagem.

MARSHALL MCLUHAN, *The Medium is the Massage* (1967)

Nunca escreva um anúncio que você não desejaria que sua própria família lesse. Você não contaria mentiras para sua esposa. Não as conte para a minha. Faça como gostaria que fizessem com você. Se contar mentiras sobre um produto, será descoberto – ou pelo governo, que o processará, ou pelo consumidor, que o punirá não comprando seu produto uma segunda vez. Bons produtos podem ser vendidos por propaganda honesta. Se não pensa que o produto é bom, não tem o direito de anunciá-lo.

DAVID OGILVY, executivo publicitário (1911-99),
Confissões de um publicitário (1961)

O público é composto de porcos; a publicidade é o chacoalhar de uma vara dentro de um balde de lavagem.

GEORGE ORWELL, escritor (1903-50), *Mantenha o sistema* (1936)

Na nossa fábrica, fazemos batom.
Na nossa propaganda, vendemos esperança.

CHARLES REVSON, fundador da Revlon (1906-95)

Metade do dinheiro que gasto em publicidade é desperdiçada; o problema é que não sei qual delas.
JOHN WANAMAKER, comerciante (1838-1922), atribuída

Publicidade é mentira legalizada.
H.G. WELLS, escritor (1866-1946)

R

“ Realização

A menos que um homem acredite em si mesmo, se comprometa por completo com sua carreira e ponha nela tudo o que tem – sua mente, seu corpo, seu coração –, o que vale a vida para ele?
VINCE LOMBARDI, treinador de futebol americano (1913-70)

Uma boa regra geral é que, se você chegou aos 35 e continua precisando usar um crachá com seu nome, cometeu um sério erro vocacional.
DENNIS MILLER, comediante (1953-)

“ Regulação

Se ... um governo abstém-se de impor regulações e permite que as coisas tomem seu curso, artigos essenciais logo chegam a um nível de preço fora do alcance de todos, exceto os ricos, a inutilidade do dinheiro torna-se patente e a fraude ao público não pode mais ser ocultada.
JOHN MAYNARD KEYNES, economista (1883-1946), *As consequências econômicas da paz* (1919)

Pessoas de um mesmo ramo raramente se encontram, mesmo para entretenimento e diversão, mas a conversa termina numa conspiração contra o público, ou em algum conluio para elevar os preços. É impossível, de fato, evitar esses encontros por qualquer lei que possa ser executada ou seja compatível com liberdade ou justiça. Mas, embora não se possa impedir que pessoas de um mesmo ramo se reúnam, a lei nada deveria fazer para facilitar essas assembleias; muito menos para torná-las necessárias.

ADAM SMITH, economista (1723-90), *A riqueza das nações* (1776)

É a máxima impertinência e presunção, portanto, em reis e ministros, pretender tomar conta da economia de pessoas privadas e restringir seus gastos, seja por meio de leis suntuárias, ou proibindo a importação de luxos estrangeiros. Eles próprios são sempre, e sem nenhuma exceção, os maiores perdulários na sociedade. Que cuidem, portanto, de sua própria despesa, e podem entregar com segurança às pessoas privadas o cuidado com a delas. Se sua própria extravagância não arruína o Estado, a de seus súditos nunca o fará.

ADAM SMITH, *A riqueza das nações* (1776)

Remuneração

Tudo que eu sempre quis foi um honesto pagamento semanal por um honesto dia de trabalho.

SARGENTO ERNEST BILKO, personagem em *O sargento trapalhão* (filme, 1996)

"Uma diária satisfatória por um dia de trabalho satisfatório": essa é a mais justa exigência que governados já fizeram a governante. É o perpétuo direito do homem.

THOMAS CARLYLE, historiador (1795-1881), *Past and Present* (1843)

No curso geral da natureza humana, um poder sobre a subsistência de um homem equivale a um poder sobre sua vontade.

ALEXANDER HAMILTON, estadista (1755-1804), *Os artigos federalistas* (1787-88)

Nós fingimos que trabalhamos e eles fingem que nos pagam!

PIADA da era soviética

O objetivo da alta administração é pagar às pessoas. Se eles fodem cem sujeitos surrupiando 100 mil dólares de cada um, são mais 10 milhões em seu próprio bolso. Eles têm quatro categorias: feliz, satisfeito, insatisfeito, indignado. Se acertam no feliz, fizeram merda: eles nunca querem deixar você feliz. Por outro lado, não o querem tão indignado ao ponto de ir embora. Por isso o ponto ideal é algum lugar entre insatisfeito e indignado.

GREG LIPPMAN, banqueiro, citado em *A jogada do século*, de Michael Lewis (2010)

Gosto de "cheque" e "incluído".

DOROTHY PARKER, escritora (1893-1967), ao ser perguntada sobre as palavras de que mais gostava; citada no *New York Herald Tribune*, 1932

A mais elevada recompensa para o trabalho árduo de uma pessoa não é o que ela ganha por ele, mas o que se torna graças a ele.
JOHN RUSKIN, crítico (1819-1900)

As moedas flutuam; os preços das mercadorias flutuam. Por que deveríamos esperar que nossos ganhos se elevem numa linha reta?
WILLIAM SHENKIR, acadêmico

O salário mínimo real é zero.
THOMAS SOWELL, economista (1930-), *Controversial Essays* (2002)

Reputação

Um homem é conhecido pela companhia que organiza.
AMBROSE BIERCE, satirista (1842-1914), *O dicionário do diabo* (1911)

São necessários vinte anos para construir uma reputação e cinco minutos para arruiná-la. Se você pensar sobre isso, fará as coisas de uma maneira diferente.
WARREN BUFFETT, investidor (1930-)

Você preferiria ser o melhor amante do mundo, mas ser considerado por todos o pior? Ou preferiria ser o pior amante do mundo, mas ser considerado por todos o melhor? Ora, eis uma questão interessante.
WARREN BUFFETT

Temos duas maneiras de estabelecer nossa reputação: ser elogiados por homens honestos, e ser ludibriados por trapaceiros. É melhor, contudo, garantir a primeira, porque ela será invariavelmente acompanhada pela segunda.
CHARLES CALEB COLTON, clérigo (1780-1832), *Lacon* (1820)

Você não pode construir uma reputação com base no que vai fazer.
HENRY FORD, industrial (1863-1947)

Nos negócios, uma reputação por absoluta adesão à letra e ao espírito de um acordo, mesmo quando ele é desfavorável, é o mais precioso dos bens, ainda que não seja incluído no balanço.
OLIVER LYTTELTON, 1º visconde Chandos (1893-1972), *Memoirs of Lord Chandos* (1963)

“ Responsabilidade

A responsabilidade gravita para a pessoa que pode arcar com ela: o poder flui para o homem que sabe como lidar com ele.
ELBERT HUBBARD, filósofo (1856-1915), *The Philistine*

“ Retração e perturbação econômica

Francamente, não quero ver uma recuperação rápida. Quero que isso se mantenha até que alguns desses concorrentes idiotas abram falência.
JOSEPH BAMFORD, fundador da JCB (1961-2001)

Se a inflação continuar subindo, você vai ter de trabalhar como um cão só para viver uma vida de cão.
GEORGE GOBEL, comediante (1919-91)

Nunca desperdice uma boa crise.
LEE MYUNG-BAK, presidente da Coreia do Sul, citado na *Economist*, novembro de 2009

Uma depressão é uma boa ducha fria para o capitalismo.
JOSEPH SCHUMPETER, economista (1883-1950)

A principal diferença entre injeções de liquidez feitas pelo governo e fumo é que em alguns casos raros a declaração "este é o meu último cigarro" se confirma.
NASSIM NICHOLAS TALEB, escritor (1960-), *The Bed of Procrustes* (2010)

" Reuniões

Eis minha teoria sobre reuniões e a vida: as três coisas que não se pode fingir são ereção, competência e criatividade. É por isso que as reuniões se tornam tóxicas – elas põem pessoas não criativas numa situação em que têm de ser algo de que são incapazes. E quanto mais elas se esforçam para esconder suas inaptidões, mais tóxicas se tornam as reuniões. Vemos uma das táticas mais comuns para fingir criatividade quando alguém põe as mãos em posição de oração e esconde a boca enquanto faz um aceno de cabeça para você e diz: "Hummmm. Interessante."

Se pressionada, ela acrescentará: "Voltarei a falar com você sobre isso." E depois não diz mais nada.
DOUGLAS COUPLAND, escritor (1961-), *JPod* (2006)

Faça sempre suas reuniões de vendas em salas pequenas demais para a plateia, mesmo que isso signifique manter pessoas no banheiro. "Só há lugares em pé" gera uma atmosfera de sucesso, como nos teatros e nos restaurantes, ao passo que um auditório semivazio cheira a fracasso.
DAVID OGILVY, executivo publicitário (1911-99), *A publicidade segundo Ogilvy* (1983)

Pessoas que gostam de reuniões não deveriam estar à frente de nada.
THOMAS SOWELL, economista (1930-), *Ever Wonder Why? and Other Controversial Essays* (2006)

Riqueza

Não creia muito naqueles que parecem desprezar riquezas, pois eles desprezam aqueles que perdem a esperança de alcançá-las.
FRANCIS BACON, filósofo (1561-1626), *Of Riches*

Se eu fosse rico como Rockefeller, seria mais rico do que Rockefeller, porque faria uns bicos limpando janelas.
RONNIE BARKER, comediante (1929-2005)

Quem ama o dinheiro jamais terá o suficiente; quem ama as riquezas jamais ficará satisfeito com os seus rendimentos.

BÍBLIA, Eclesiastes 5:10

Não pago bons salários porque tenho muito dinheiro;
tenho muito dinheiro porque pago bons salários.

ROBERT BOSCH, industrial (1861-1942)

Não tenho problema de culpa por causa de dinheiro. Do modo como vejo as coisas, meu dinheiro representa um grande número de recibos de depósito que a sociedade me deu. É como se eu tivesse esses pedacinhos de papel que posso transformar em consumo. Se eu quisesse, poderia contratar 10 mil pessoas para não fazer nada a não ser pintar meu retrato todos os dias durante o resto de minha vida. E o PIB cresceria. Mas a utilidade do produto seria zero, e eu estaria impedindo essas 10 mil pessoas de fazer pesquisas sobre a Aids, ou ensinar, ou cuidar de doentes. Mas não faço isso. Não uso um número muito grande desses recibos. Não há nada de material que eu queira muito. E vou doar praticamente todos eles para obras de caridade quando minha mulher e eu morrermos.

WARREN BUFFETT, investidor (1930-)

As superfluidades de uma nação rica constituem um objeto de troca melhor que as necessidades de uma pobre. É do interesse do mundo comercial que a riqueza seja encontrada em toda parte.

EDMUND BURKE, filósofo (1729-97),
Two Letters to Gentlemen of Bristol (1778)

A fortuna não muda os homens, ela os desmascara.

SUZANNE CURCHOD (também conhecida como Madame Necker), escritora (1737-94)

O 1% mais rico deste país possui metade da riqueza de nosso país, 5 trilhões de dólares. Um terço disso vem de trabalho árduo, dois terços vêm de herança, de acúmulo de juros sobre juros para viúvas e filhos idiotas, e do que eu faço – especulação com ações e imóveis. Isso é besteira. Você tem 90% do povo americano aí com pouco ou nenhum valor líquido. Eu não crio nada, eu possuo. Nós fazemos as regras. As notícias, guerra, paz, fome, sublevação, o preço de cada clipe de papel. Tiramos esse coelho da cartola enquanto todo mundo fica aí sentado se perguntando como diabos fizemos isso. Ora, você é ingênuo o bastante para pensar que estamos vivendo numa democracia, companheiro? É o livre mercado.

GORDON GEKKO, personagem em *Wall Street* (filme, 1987)

Se todo o dinheiro do mundo fosse dividido igualmente, digamos, às três da tarde, às três e meia já haveria notáveis diferenças nas condições financeiras dos beneficiados. Nesses trinta minutos, alguns adultos teriam perdido sua parte. Alguns teriam perdido a sua no jogo, e alguns teriam tido sua porção ardilosamente surrupiada… Após noventa dias, a diferença seria assombrosa. E, estou disposto a apostar que, dentro de um ou dois anos no máximo, a distribuição da riqueza obedeceria a padrões quase idênticos àqueles que prevaleciam anteriormente.

JEAN PAUL GETTY, magnata do petróleo (1892-1976), *As I See It* (1976)

A fortuna pode não lhe dar nenhum amigo, mas aumenta muito a classe e a variedade de seus inimigos.

AUDRIC GOLDFINGER, vilão em *Goldfinger*, de Ian Fleming (1959)

Há um fardo de cuidado na aquisição de bens, medo na sua manutenção, tentação em seu uso, dor em sua perda, e um fardo de contas a serem finalmente prestadas com relação a eles.

MATTHEW HENRY, pastor presbiteriano (1662-1714), *Dictionary of Burning Words of Brilliant Writers* (1895)

Fique rico se quiser – você corre grandes riscos. Mas o cristianismo não diz a nenhum homem: "Você deve valer só até tanto, ampliar seu negócio só até tal ponto." Ele diz: "Use suas riquezas para a glória de Deus." Se alguma vez elas roubarem o lugar Dele, ai de você!

HERRICK JOHNSON, pastor presbiteriano (1832-1913), *Dictionary of Burning Words of Brilliant Writers* (1895)

Se eu não tivesse sido muito rico, poderia ter sido um homem realmente grande.

CHARLES FOSTER KANE, personagem em *Cidadão Kane* (filme, 1941)

As pessoas ricas querem ser mais ricas, mas qual é a diferença? Os brinquedos ficam diferentes, só isso. Os caras ricos compram um time de futebol, os pobres compram uma bola de futebol. Tudo é relativo.

MARTINA NAVRATILOVA, tenista (1956-), *Martina* (1987)

Não há como distinguir o filho de um milionário do de um bilionário.
VANCE PACKARD, escritor (1914-96), *A conquista do prestígio pessoal* (1959)

Não critique os ricos. Quando foi que um pobre lhe deu um emprego?
LAURENCE PETER, professor e escritor (1919-1990)

Com 10 mil dólares, seríamos milionários. Poderíamos comprar todo tipo de coisas úteis, como... amor!
HOMER SIMPSON, personagem em *Os Simpsons* (série de TV americana)

É claro que há uma lei diferente para os ricos e os pobres: do contrário, quem entraria nos negócios?
E. RALPH STEWART

Nada é mais admirável que a coragem com que os milionários toleram as desvantagens de sua riqueza.
REX STOUT, escritor (1886-1975), *A caixa vermelha* (1937)

Risco

O risco vem de você não saber o que está fazendo.
WARREN BUFFETT, investidor (1930-)

Um homem pode prefeitamente se dar ao luxo de ser muito ousado, meu caro amigo, quando recebe ouro em troca!
CHARLES DICKENS, escritor (1812-70), *Martin Chuzzlewit* (1843-44)

Ansiedade [é] experimentar fracasso antecipadamente. … Se você está ansioso com relação ao início de um projeto, está claro que associará risco a fracasso.

SETH GODIN, empresário (1960-), *Quebre as regras e reinvente* (2011)

Você sempre errará 100% das tacadas que não der.

WAYNE GRETZKY, jogador de hóquei no gelo (1961-)

Se você não estiver cometendo erros, não está correndo riscos, e isso significa que não está indo para lugar algum. O essencial é cometer erros mais depressa que a concorrência, de modo a ter mais chances de aprender e ganhar.

JOHN HOLT, escritor (1948-), *Fast Company*, outubro de 1971

Todos os cursos de ação são arriscados, portanto a prudência não está em evitar o perigo (é impossível), mas em calcular o risco e agir com firmeza. Cometer erros por ambição e não erros por preguiça. Desenvolver força para fazer coisas ousadas, não força para sofrer.

NICOLAU MAQUIAVEL, filósofo (1469-1527), *O príncipe* (1532)

Correr riscos é algo inerentemente sujeito a fracasso. De outro modo, falaríamos de "correr certezas".

TIM MCMAHON, homem de negócios

Você pode estar vivendo feliz na barriga de uma baleia e operando com isso como seu mundo, até que um dia a barriga da baleia se contrai e você descobre que há um universo inteiro de riscos lá fora.

PAULO RABELLO DE CASTRO, economista,
citado na *Economist*, maio de 2009

Um navio no porto está em segurança,
mas não é para isso que os navios são feitos.

JOHN SHEDD, acadêmico (1859-desconhecido),
Salt From My Attic (1928)

S

Secretários

E assim, enquanto os grandes partem para seu jantar,
o secretário permanece, emagrecendo sempre mais,
quebrando a cabeça para registrar e relatar o que pensa
que eles pensam que deveriam ter pensado.*

ARTHUR BRYANT, historiador (1899-1985)

Seja sempre gentil com secretários.
Eles são os verdadeiros guardiões do mundo.

ANTHONY D'ANGELO, consultor educacional, *The College Blue Book* (1995)

Atrás de todo gênio nos negócios está um assistente que lhe diz que botões deve apertar para fazer o telefone funcionar.

GENE PERRET, escritor

* And so while the great ones depart to their dinner,/ the secretary stays, growing thinner and thinner,/ racking his brain to record and report/ what he thinks that they think that they ought to have thought.

“ Seguros

Os americanos têm uma crença inabalável em sua capacidade de controlar a realidade por meios puramente materiais. ... O seguro aéreo substitui o medo da morte pela confortadora perspectiva de dinheiro.
CECIL BEATON, fotógrafo (1904-80)

No negócio dos seguros, não há nenhum estatuto de limite à estupidez.
WARREN BUFFETT, investidor (1930-)

Por quase setenta anos a indústria do seguro de vida foi uma vaca sagrada presunçosa alimentando o público com a mesma conversa para boi dormir.
RALF NADER, ativista (1934-), citado no *New York Times*, maio de 1974

“ Show business

Se você é um vendedor de carros e uma pessoa diz: “Este carro é horrível, não vou comprá-lo”, isso não significa que ela odeia você. Ela simplesmente não gosta do seu produto. Penso que esse é um erro que muita gente comete no show business. ... As pessoas estão tão envolvidas com sua atuação que tomam tudo pessoalmente.
JAY LENO, apresentador de talk show (1950-)

“ Sindicatos e relações industriais

Os sindicatos gostariam de nos fazer acreditar que transferem renda de ricos capitalistas para pobres trabalhadores. Na verdade, o que eles fazem é principalmente transferir renda do grande número de trabalhadores não sindicalizados para um pequeno número de trabalhadores sindicalizados relativamente prósperos.

ROBERT ANDERSON, escritor, *Just Get Out of the Way* (2004)

Sindicatos fortes, responsáveis, são essenciais para a equidade industrial. Sem eles a negociação trabalhista é inteiramente unilateral. As partes em um contrato de trabalho devem ser quase iguais em força para que a justiça seja alcançada, e isso significa que os trabalhadores devem estar organizados e que suas organizações devem ser reconhecidas pelos empregadores como uma precondição para a paz industrial.

LOUIS BRANDEIS, advogado (1856-1941), *The curse of bigness* (1934)

Com todos os seus defeitos, os sindicatos fizeram mais pela humanidade que qualquer outra organização de homens que já existiu. Eles fizeram mais pela decência, pela honestidade, pela educação, pelo melhoramento da raça, pelo desenvolvimento do caráter no homem, que qualquer outra associação de homens.

CLARENCE DARROW, advogado (1857-1938), *The Railroad Trainman* (1906)

A greve é a arma dos oprimidos, de homens capazes de apreciar a justiça e dotados da coragem para resistir ao erro e lutar por princípios.
EUGENE DEBS, fundador da American Railroad Union (1855-1926)

Todas as classes da sociedade no fundo são sindicatos, e diferem principalmente na ousadia, habilidade e sigilo com que perseguem seus respectivos interesses.
WILLIAM STANLEY JEVONS, economista (1835-82), *The State in Relation to Labour* (1882)

Nenhum rei na terra está tão seguro em seu emprego quanto um funcionário de sindicato. Só há uma coisa que pode fazer com que seja demitido, e essa é a bebida. Aliás nem mesmo essa, contanto que ele não desabe literalmente no chão.
GEORGE BERNARD SHAW, dramaturgo (1856-1950), *The Apple Cart*

Se não gosta de seu trabalho, você não faz greve. Simplesmente vai lá todos os dias e faz um serviço meia-boca. Este é o estilo americano.
HOMER SIMPSON, personagem em *Os Simpsons* (série de TV americana)

Lembrar-se da solidão, do medo e da insegurança dos homens obrigados outrora a entrar sozinhos em fábricas imensas, junto de máquinas imensas – compreender que os sindicatos significaram nova dignidade e orgulho para milhões de compatriotas – companheirismo humano no trabalho, e música na casa –, ser capaz de ver o que significam maiores salários, não para um homem como empregado, mas como marido e como pai – saber essas coisas é compreender o que as classes trabalhadoras americanas significam.

ADLAI STEVENSON, político (1900-65),
The Speeches of Adlai Stevenson (1952)

Na Grã-Bretanha, os dois lados da indústria sempre olharam um para o outro com o maior ódio, desconfiança e desdém. Ambos estão absolutamente certos.

AUBERON WAUGH, escritor (1939-2001), *Private Eye*, dezembro de 1983

“ Sorte

O comerciante correto é aquele que tem a justa média de faculdades que chamamos de senso comum; um homem de forte afinidade com fatos, que toma suas decisões com base no que viu. Ele está inteiramente persuadido das verdades da aritmética. Há sempre uma razão, no homem, para sua boa ou má fortuna em ganhar dinheiro. As pessoas falam como se houvesse alguma mágica nisso. Ele sabe que tudo passa pela velha estrada, libra por libra, centavo por centavo – para cada efeito uma causa perfeita – e que boa sorte é outro nome para tenacidade de propósito.

RALPH WALDO EMERSON, escritor e filósofo (1803-82),
A conduta para a vida (1860)

Temerários de sorte usam percepção tardia para reforçar sua impressão de que seu instinto é muito sábio. O mesmo tipo de percepção reforça a confiança dos outros no instinto dessa pessoa. Esse é um dos perigos reais da seleção de líderes em muitas organizações: eles são escolhidos por excesso de confiança. Associamos liderança a determinação.

DANIEL KAHNEMAN, psicólogo (1934-), *McKinsey Quartely*, maio de 2008

Sorte é o que acontece quando o preparo se encontra com a oportunidade.

SÊNECA, filósofo (4 a.C.-65 d.C.)

Quando a pessoa é empregada, portanto dependente do julgamento de outrem, parecer ocupada pode ajudá-la a reivindicar responsabilidade pelos resultados num ambiente aleatório. A aparência de ocupação reforça a percepção de causalidade, do vínculo entre resultados e o papel da pessoa.

NASSIM NICHOLAS TALEB, escritor (1960-), *A lógica do cisne negro* (2007)

“ Start-ups

O problema com a febre das *start-ups* da internet não é que um número excessivo de pessoas esteja criando empresas; é que um número excessivo delas não está perseverando nisso. Em certa medida, isso é compreensível, porque há muitos momentos cheios de desespero e agonia, em que é preciso despedir pessoas, cancelar coisas e enfrentar situações muito difíceis. É nesses momentos que você descobre quem é e quais são seus valores.

Assim, quando essas pessoas põem sua empresa à venda, ainda que fiquem fabulosamente ricas, estão abrindo mão de uma das experiências potencialmente mais recompensadoras do curso de suas vidas. Sem ela, talvez nunca conheçam seus valores ou saibam como manter em perspectiva sua riqueza recém-adquirida.

STEVE JOBS, fundador da Apple (1995-2011), citado na *Fortune*, janeiro de 2000

“ Sucesso

Por mais bem-sucedido que um homem possa ser em seu próprio negócio, caso se desvie dele e inicie mal um negócio que não compreende, é como Sansão – quando suas madeixas foram cortadas, sua força desapareceu e ele se tornou como os outros homens.

P.T. BARNUM, showman (1810-91), *A arte de ganhar dinheiro* (1880)

O verdadeiro sucesso nos negócios pode ser encontrado em realizações mais comparáveis às do artista ou cientista, do inventor ou estadista. E as alegrias buscadas na profissão dos negócios devem ser como as alegrias deles, e não a mera satisfação vulgar experimentada na aquisição de dinheiro, no exercício do poder ou no frívolo prazer da mera vitória.

LOUIS BRANDEIS, advogado (1856-1941), *La Follette's Weekly Magazine*, novembro de 1912

O sucesso é muitas vezes alcançado por aqueles
que não sabem que o fracasso é inevitável.
COCO CHANEL, estilista de moda (1883-1971)

O bacana no tipo de experimentação feita no Vale do Silício
é que muitas vezes o fracasso é apenas sucesso lento.
CORY DOCTOROW, escritor (1971-), *Publishers Weekly*, junho de 2010

Não tente se tornar um homem de sucesso;
tente, sim, tornar-se um homem de valor.
ALBERT EINSTEIN, cientista (1879-1955), *Einstein and the Poet*,
de William Hermanns (1983)

Se A é sucesso na vida, então A = x + y + z.
Trabalhar é x, brincar é y e z é ficar de boca calada.
ALBERT EINSTEIN

Não tenha por objetivo o sucesso – quanto mais você o visar e fizer dele um alvo, mais o deixará escapar. Pois o sucesso, como a felicidade, não pode ser perseguido; ele deve ser uma decorrência, e só o faz quando é um efeito colateral não pretendido da dedicação de uma pessoa a uma causa maior que si mesma ou subproduto de sua rendição a outrem. A felicidade deve acontecer, e o mesmo se aplica ao sucesso: você precisa deixá-lo acontecer não se importando com ele.
VIKTOR FRANKL, neurologista (1905-97), *Em busca de sentido* (1959)

São os bem-sucedidos ... que têm maior probabilidade de ter os tipos de oportunidades especiais que levam a mais sucesso. São os ricos que têm as maiores deduções em seus impostos. São os melhores alunos que recebem o melhor ensino e mais atenção. E são os maiores meninos de nove e dez anos que recebem melhor treinamento e prática. O sucesso é o resultado do que os sociólogos gostam de chamar de "vantagem cumulativa".
MALCOLM GLADWELL, escritor (1963-), *Fora de série* (1976)

Minha avó chegou a este país com vinte dólares no bolso. Ela trabalhou duro a vida inteira e nunca levou desaforo para casa. Quando morreu, tinha transformado aqueles vinte dólares em 2 mil dólares. Isso é ruim! Sabe por que ela não teve sucesso? Porque nunca levou desaforo para casa. A chave do sucesso, e não lhe ensinarão isto na escola de negócios, é levar desaforo para casa.
NICK HENDRICKS, personagem em *Quero matar meu chefe* (filme, 2011)

Genialidade muitas vezes é apenas a capacidade de fazer esforços contínuos. A linha entre o fracasso e o sucesso é tão tênue que mal percebemos quando a transpomos – tão fina que muitas vezes estamos sobre ela e não sabemos. Quantos homens desistiram quando um pouco mais de esforço, um pouco mais de paciência, teriam lhe valido o sucesso. Assim como a maré se vai, também ela vem. Nos negócios, por vezes as perspectivas podem parecer mais sombrias quando estão de fato na virada. Um pouco mais de persistência, um pouco mais de esforço, e o que parecia ser fracasso irremediável pode se transformar em glorioso sucesso. Não há fracasso a não ser em parar de tentar. Não há derrota a não ser a interior, nenhuma barreira intransponível exceto nossa própria inerente fraqueza de objetivo.

ELBERT HUBBARD, filósofo (1856-1915), *Electrical Review* (1895)

O sucesso de um homem nos negócios hoje em dia depende de sua capacidade de fazer as pessoas acreditarem que ele tem alguma coisa que elas querem.

GERALD STANLEY LEE, escritor (1862-1944), *Crowds* (1914)

A diferença entre uma pessoa bem-sucedida e outras não é uma falta de força, nem uma falta de conhecimento; é de fato uma falta de vontade.

VINCE LOMBARDI, treinador de futebol americano (1913-70)

Sucesso é como ganhar nas apostas das corridas de cavalo ou ser morto num acidente de automóvel. Sempre acontece com os outros.

ALLAN SHERMAN, escritor (1924-73), *A Gift of Laughter* (1965)

O sucesso é uma mera questão de sorte. Pergunte a qualquer fracassado.

EARL WILSON, escritor (1907-87)

Eu não pude esperar pelo sucesso, por isso fui em frente sem ele.

JONATHAN WINTERS, comediante (1925-)

T

“ Talento

Durante quase uma geração, psicólogos do mundo todo estiveram envolvidos num inflamado debate sobre uma questão que a maioria de nós pensaria ter sido decidida anos atrás. A questão é esta: existe talento inato? A resposta óbvia é sim. Nem todo jogador de hóquei nascido em janeiro acaba jogando no nível profissional. Somente alguns o fazem – os dotados de talento inato. Realização é talento mais preparo. O problema com esse ponto de vista é que quanto mais atentamente os psicólogos observam as carreiras dos talentosos, menor parece ser o papel desempenhado pelo talento inato, e maior o desempenhado pelo preparo.
MALCOLM GLADWELL, escritor (1963-), *Fora de série* (1976)

Dizem-nos que o talento cria suas próprias oportunidades. Mas por vezes parece que o desejo intenso cria não só suas próprias oportunidades, como seus próprios talentos.
ERIC HOFFER, filósofo (1902-83)

Os graus de habilidade variam, mas o princípio básico permanece o mesmo: o grau de independência, iniciativa e amor de um homem por seu trabalho determina seu talento como trabalhador e seu valor como homem.

AYN RAND, escritora (1905-82), *A nascente* (1943)

A habilidade para lidar com pessoas é tão comprável quanto uma mercadoria como açúcar ou café, e pagarei mais por essa habilidade que por qualquer outra sob o sol.

JOHN D. ROCKEFELLER, industrial (1839-1937), atribuída

O talento acerta um alvo que ninguém mais pode acertar; o gênio acerta um alvo que ninguém mais pode ver. Em pessoas de habilidade apenas modesta, a modéstia é mera sinceridade; mas naquelas dotadas de grande talento, é hipocrisia.

ARTHUR SCHOPENHAUER, filósofo (1788-1860)

Simplesmente não é mais possível resolver a partir de cima e fazer que todos os demais sigam as ordens do "grande estrategista". As organizações que sobressairão no futuro serão aquelas que descobrem como tirar proveito do compromisso e da capacidade de aprender das pessoas de todos os seus níveis.

PETER SENGE, cientista (1947-), *A quinta disciplina* (1990)

Tecnologia

Temos de aguentar a tecnologia quando o que realmente queremos são coisas que funcionem.

DOUGLAS ADAMS, escritor (1952-2001)

Em duas ocasiões me perguntaram: "Diga-me, sr. Babbage, se pusermos na máquina os números errados, sairão as respostas certas?" Não consigo apreender ao certo o tipo de confusão de ideias capaz de provocar semelhante pergunta.
CHARLES BABBAGE, pai do computador (1791-1871)

A fábrica do futuro terá apenas dois empregados – um homem e um cão. O homem estará lá para alimentar o cão. O cão estará lá para impedir o homem de tocar no equipamento.
WARREN BENNIS, acadêmico (1925-2014)

Quando uma máquina começa a funcionar sem
ajuda humana, é hora de descartá-la –
seja ela uma fábrica ou um governo.
ALEXANDER CHASE, escritor (1926-), *Perspectives* (1966)

Num mundo de conhecimento abundante, esconder tecnologia é uma estratégia autolimitante. Tampouco pode uma organização, mesmo a maior delas, continuar se dando ao luxo de ignorar os imensos *pools* de conhecimento que existem.
HENRY CHESBOROUGH, acadêmico, *Inovação aberta* (2003)

Em geral, uma tecnologia disruptiva é adotada a princípio pelos clientes menos lucrativos num mercado. Por isso, a maioria das companhias treinadas na disciplina de ouvir seus melhores clientes e identificar novos produtos que prometam maior lucratividade e crescimento raramente

são capazes de reunir evidências em favor do investimento em tecnologias disruptivas até que seja tarde demais.
CLAYTON CHRISTENSEN, acadêmico (1952-), *O dilema da inovação* (1997)

Os problemas mais importantes e urgentes da tecnologia de hoje não são mais a satisfação das necessidades primárias ou de desejos arquetípicos, mas a reparação dos males e danos causados pela tecnologia de ontem.
DENNIS GABOR, engenheiro elétrico (1900-79), *Innovations* (1970)

A primeira regra de qualquer tecnologia usada numa empresa é que automação aplicada a uma operação eficiente ampliará a eficiência. A segunda é que automação aplicada a uma operação ineficiente ampliará a ineficiência.
BILL GATES, fundador da Microsoft (1955-)

Se a GM tivesse acompanhado a tecnologia como o fez a indústria dos computadores, estaríamos todos dirigindo carros de 25 dólares que fariam mil quilômetros por litro de gasolina.
BILL GATES

Uma máquina pode fazer o trabalho de cinquenta homens comuns. Nenhuma máquina pode fazer o trabalho de um homem extraordinário.
ELBERT HUBBARD, filósofo (1856-1915), *Mensagem a Garcia* (1899)

A indústria do computador desktop está morta. A inovação praticamente cessou. A Microsoft domina com muito pouca inovação. Isso terminou. A Apple perdeu. O mercado para desktops entrou na idade das trevas, e ficará na idade das trevas pelos próximos dez anos, ou certamente pelo resto desta década. É como quando a IBM afugentou muitas inovações da indústria dos computadores antes da chegada do microprocessador. A Microsoft vai acabar desmoronando por complacência, e talvez nasçam algumas coisas novas. Mas até que isso aconteça, até que haja alguma mudança fundamental de tecnologia, isso simplesmente terminou.

STEVE JOBS, fundador da Apple (1955-2011), citado na revista *Wired*, outubro de 1996

Para uma lista de todas as maneiras pelas quais a tecnologia fracassou em melhorar a qualidade da vida, por favor aperte aqui.

ALICE KAHN, escritora (1943-)

A sociedade ocidental aceitou como inquestionável um imperativo tecnológico tão arbitrário quanto o mais primitivo tabu: não apenas a obrigação de promover a invenção e criar novidades tecnológicas constantemente, mas também a obrigação de render-se de maneira incondicional a essas novidades, apenas porque são oferecidas, sem considerar suas consequências humanas.

LEWIS MUMFORD, historiador (1895-1990)

A noção cristã da possibilidade de redenção
é incompreensível para o computador.
VANCE PACKARD, escritor (1914-96)

O principal produto de uma sociedade automatizada é uma sensação generalizada e cada vez mais profunda de tédio.
CYRIL NORTHCOTE PARKINSON, historiador (1909-93)

Se não fosse pelas pessoas, as malditas pessoas sempre se atrapalhando com as máquinas. Se não fosse por elas, o mundo seria um paraíso dos engenheiros.
KURT VONNEGUT, escritor (1992-2007), *Player Piano* (1952)

A máquina da IBM não tem nenhuma ética própria; o que ela faz é permitir que uma ou duas pessoas façam o trabalho de computação que outrora requeria muito mais gente. Se as pessoas muitas vezes a usam de maneira estúpida, a estupidez é delas, não da máquina, e um retorno ao ábaco não exorciza a deficiência. As pessoas podem ser tratadas como burros de carga com igual eficiência sem máquinas modernas.
WILLIAM WHYTE, escritor (1917-99), *The Organization Man* (1956)

A civilização requer escravos. Os gregos estavam muito certos nisso. A menos que haja escravos para fazer o trabalho feio, horrível e desinteressante, a cultura e a contemplação tornam-se quase impossíveis. A escravidão humana é errada, insegura e desmoralizante. Da escravidão mecânica, da escravidão da máquina, depende o futuro do mundo.
OSCAR WILDE, escritor (1854-1900), *A alma do homem sob o socialismo* (1891)

“ Tomada de decisão

Não decidir é decidir.

HARVEY COX, teólogo (1929-), *Que a serpente não decida por nós* (1967)

A verdadeira disciplina está em dizer “não”
para as oportunidades erradas.

PETER DRUCKER, escritor (1909-2005)

Cinco sapos estão sentados num tronco. Quatro decidem pular fora. Quantos sobram? Resposta: cinco. Por quê? Porque há uma diferença entre decidir e fazer.

MARK FELDMAN e MICHAEL SPRATT, *Cinco sapos em um tronco* (2001)

A chave para a boa tomada de decisão não é conhecimento. É compreensão. Estamos nadando no primeiro. Carecemos desesperadamente do segundo.

MALCOLM GLADWELL, escritor (1963-), *Blink* (2005)

O homem a quem é negada a oportunidade de tomar decisões de importância começa a considerar importantes as decisões que pode tomar.

CYRIL NORTHCOTE PARKINSON, historiador (1909-93), *A lei de Parkinson* (1957)

Se estamos todos de acordo quanto à decisão – proponho então que adiemos a discussão sobre este assunto até nossa próxima

reunião, para darmos a nós mesmos tempo de desenvolver discordância e talvez ganhar alguma compreensão do que está em jogo na decisão.
ALFRED SLOAN, industrial (1875-1966)

Transigir em geral é ruim. Deveria ser um último recurso. Se dois departamentos ou divisões têm um problema que não podem resolver e ele chega a você, ouça os dois lados e depois escolha um ou outro. Isso confere ao vencedor a firme responsabilidade de fazer sua solução funcionar. Condicione seu pessoal a evitar a conciliação.
ROBERT TOWNSEND, homem de negócios (1920-98), *Vire a empresa do avesso* (1970)

Na vida empresarial, quando dois homens sempre concordam, um deles é desnecessário.
WILLIAM WRIGLEY, homem de negócios (1861-1932)

“ Trabalhadores do conhecimento

O grande desafio para a administração hoje em dia é tornar produtivo o formidável novo recurso, o trabalhador do conhecimento. Essa, e não a produtividade do trabalhador manual, é a chave do crescimento econômico e do desempenho econômico na sociedade atual.
PETER DRUCKER, escritor (1909-2005), *Concept of the Corporation* (1946)

Estou chocado com a tendência insidiosa, motivada pelo computador, de tirar coisas do domínio da atividade muscular e pô-las no domínio da atividade mental. A transferência não está gerando bons frutos. Sem dúvida os músculos são pouco confiáveis, mas representam vários milhões de anos de sutileza acumulada.

BRIAN ENO, músico, revista *Wired*, janeiro de 1999

Com demasiada frequência o mundo dos negócios só é capaz de identificar uma abordagem de sucesso quando a vê. As probabilidades aleatórias de sucesso ou fracasso são tão significativas quanto suas estratégias. Não é incomum que uma companhia contrate brilhantes consultores de 29 anos da McKinsey e ignore o conhecimento e a expertise de seus próprios empregados de 29 anos.

GARY HAMEL, escritor (1954-), blog *Workforce Management*

“ Trabalho

Entre a labuta e o jogo situa-se o trabalho. Um homem é um trabalhador se está pessoalmente interessado na tarefa que a sociedade lhe paga para executar; o que do ponto de vista da sociedade é trabalho necessário, de seu ponto de vista é jogo voluntário. Se uma tarefa deve ser classificada como labuta ou trabalho, depende não de sua natureza, mas dos gostos do indivíduo que a empreende. A diferença não coincide, por exemplo, com a que distingue uma tarefa manual de uma mental; um jardineiro ou um sapateiro podem ser trabalhadores, um funcionário de banco, um operário.

W.H. AUDEN, poeta (1907-73), "Work, Labour and Play", *A Certain World* (1970)

O trabalho de um homem não é apenas seu capital, mas sua vida. Quando se encerra, nunca mais retorna. Utilizá-lo, evitar seu desperdício, permitir ao homem pobre acumulá-lo para uso futuro, essa é por certo uma das tarefas mais urgentes com que se defronta a civilização.

WILLIAM BOOTH, fundador do Exército da Salvação (1829-1912), *In Darkest England, and The Way Out* (1890)

Até nas mais humildes formas de Trabalho, toda a alma de um homem arranja-se numa espécie de harmonia real no instante em que ele começa a trabalhar.

THOMAS CARLYLE, historiador (1795-1881), *Past and Present* (1843)

Não podemos gastar dinheiro em luxos sem fazer bem aos pobres. Não, fazemos mais bem a eles gastando-o em luxos do que o doando; pois ao gastar com luxos nós os fazemos exercer a diligência, ao passo que ao doar, os mantemos ociosos.

SAMUEL JOHNSON, escritor (1709-84), *The Life of Samuel Johnson*, de James Boswell (1791)

Apenas o trabalho, portanto, nunca variando em seu próprio valor, é, somente ele, o supremo e real padrão pelo qual o valor de todas as mercadorias pode em todos os tempos e lugares ser estimado e comparado. É seu verdadeiro preço; o dinheiro é só seu preço nominal.

ADAM SMITH, economista (1723-90), *A riqueza das nações* (1776)

Essa divisão do trabalho, da qual tantas vantagens são derivadas, não é originalmente o efeito de nenhuma sabedoria humana, que prevê e tenciona a opulência geral a que dá ensejo. Ela é a consequência necessária, embora muito lenta e gradual, de certa propensão na natureza humana, que não tem em vista nenhuma utilidade tão vasta; a propensão a negociar, permutar e trocar uma coisa por outra.

ADAM SMITH, *A riqueza das nações* (1776)

A longo prazo o trabalhador pode ser tão necessário a seu patrão quanto seu patrão é para ele, mas a necessidade não é tão imediata.

ADAM SMITH, *A riqueza das nações* (1776)

Em nosso sistema, não solicitamos a iniciativa de nossos homens. Não queremos nenhuma iniciativa. A única coisa que queremos deles é que obedeçam às ordens que lhes damos, façam o que dizemos, e façam rápido.

FREDERICK WINSLOW TAYLOR, engenheiro (1856-1915), *Princípios de administração científica* (1911)

A Administração Científica tem por fundamento a firme convicção de que os verdadeiros interesses dos dois são um só;

que a prosperidade para o empregador não pode existir num período de muitos anos a menos que seja acompanhada por prosperidade para o empregado, e vice-versa.

FREDERICK WINSLOW TAYLOR, *Princípios de administração científica* (1911)

O homem que trabalha não tem tempo disponível para uma verdadeira integridade no dia a dia; ele não pode se permitir manter relações mais humanas com os homens; seu trabalho seria depreciado no mercado. Ele não tem tempo de ser nada além de uma máquina.

HENRY DAVID THOREAU, escritor e filósofo (1817-62),
Walden ou a vida nos bosques (1854)

“ Trabalho autônomo

O que há de ruim em trabalhar para si mesmo é que você tem o pior chefe do mundo. Eu trabalho todos os dias do ano, exceto no Natal, quando trabalho durante a metade do dia.

DAVID EDDINGS, escritor (1931-2009)

Trabalhar para si mesmo por vezes não é tão bom quanto dizem. A solidão pode ser tão grande no topo quanto na base desse organograma.*

HOODOO GURUS, banda de rock, *1000 Miles Away*

---

* Working for yourself sometimes ain't all that it's cracked up to be,/ It can be as lonely at the top as at the bottom of that corporate tree.

Veja a si mesmo como uma pequena corporação de uma só pessoa. Leve-se para fazer exercícios para o fortalecimento da equipe (longas caminhadas). Promova uma festa de Natal todos os anos em que você fica num canto de seu escritório, gritando muito alto para si mesmo enquanto bebe uma garrafa de vinho branco. Depois se masturbe debaixo da mesa. No dia seguinte você sentirá um profundo e aglutinador sentimento de vergonha.

WILL SELF, escritor (1961-), *The Guardian*, fevereiro de 2010

“ Trabalho duro

A Sorte não pode ser lisonjeada por esse culto fetichista. Mas pode ser cortejada e conquistada por trabalho duro.

LORD BEAVERBROOK, magnata (1879-1964)

Trabalho duro nunca matou ninguém, mas por que correr o risco?

EDGAR BERGEN, ventríloquo (1903-78)

Observe a formiga, preguiçoso; reflita sobre os caminhos dela e seja sábio! Ela não tem chefe, nem supervisor, nem governante, e ainda assim armazena suas provisões no verão e na época da colheita ajunta o seu alimento.

BÍBLIA, Provérbios 6:6-8

Já observaste um homem habilidoso em seu trabalho? Ele será promovido ao serviço real; não trabalhará para gente obscura.

BÍBLIA, Provérbios, 22:29

Em arte e empreendimento, é o trabalho constante, silencioso, que faz a obra.
CHRISTIAN NESTELL BOVEE (1820-1904), *Intuitions and Summaries of Thought* (1862)

O homem de negócios sabe que só com anos de atenção paciente e constante aos negócios pode conseguir sua recompensa, a qual é o resultado, não do acaso, mas de meios bem-elaborados para a consecução de fins.
ANDREW CARNEGIE, homem de negócios (1835-1919), *The Empire of Business* (1902)

A pessoa média põe cerca de 25% de sua energia e habilidade em seu trabalho. O mundo tira o chapéu para os que põem nele mais de 50% de sua capacidade e fica de pé para as poucas e esparsas almas que lhe devotam 100%.
ANDREW CARNEGIE

Nenhuma de minhas invenções ocorreu por acaso. Vejo uma necessidade a que vale a pena atender e faço tentativa após tentativa, até que ela aconteça. No fim das contas, trata-se de 1% de inspiração e 99% de transpiração.
THOMAS EDISON, inventor (1847-1931)

A maioria das pessoas deixa a oportunidade escapar porque ela veste macacão e tem aparência de trabalho.
THOMAS EDISON

Trabalho árduo só é uma sentença de prisão quando não tem significado. Quando tem, torna-se o tipo de coisa que o faz agarrar sua mulher pela cintura e dançar uma giga.

MALCOLM GLADWELL, escritor (1963-), *Blink* (2005)

Ninguém que é capaz de acordar antes do amanhecer 360 dias por ano deixa de enriquecer a sua família.

MALCOLM GLADWELL, *Fora de série* (1976)

Se quer trabalho bem-feito, escolha um homem muito ocupado; os do outro tipo não têm tempo.

ELBERT HUBBARD, filósofo (1856-1915),
The Philosophy of Elbert Hubbard (1916)

O empenho é um melhor cavalo a cavalgar que o gênio.

WALTER LIPPMAN, escritor (1889-1974)

Líderes não nascem. Eles são feitos. São feitos como qualquer outra coisa ... por meio de trabalho árduo.

VINCE LOMBARDI, treinador de futebol americano (1913-1970)

A riqueza perdida pode ser reposta pelo trabalho árduo; o conhecimento perdido, pelo estudo; a saúde perdida, pela temperança ou o remédio; mas o tempo perdido desapareceu para sempre.

SAMUEL SMILES, escritor (1812-1904), *Ajude-se* (1859)

As pessoas que têm tempo de sobra desperdiçarão inevitavelmente o tempo daquelas que têm trabalho a fazer.
THOMAS SOWELL, economista (1930-), *Is Reality Optional? and Other Essays* (1993)

Centavos não caem do céu, têm de ser ganhos aqui na terra.
MARGARET THATCHER, primeira-ministra britânica (1925-2013)

“ Trabalho em equipe

Lembre-se de que um amador solitário construiu a Arca.
Um grande grupo de profissionais construiu o Titanic.
DAVE BARRY, escritor (1947-), *25 Things I Have Learned in 50 Years*

Ter sucesso como uma equipe é considerar todos os membros responsáveis por sua expertise.
MITCHELL CAPLAN, homem de negócios (1957-)

Ao que me parece, os líderes que trabalham da maneira mais eficiente nunca dizem “eu”. E isso não porque tenham se exercitado para nunca dizer “eu”. Eles não pensam “eu”. Pensam “nós”, pensam “equipe”. Compreendem que seu trabalho é fazer a equipe funcionar. Aceitam a responsabilidade e não se esquivam, mas o mérito vai para o “nós”.
PETER DRUCKER, escritor (1909-2005), *Administração de organizações sem fins lucrativos* (1990)

A boa liderança requer que você se cerque de pessoas com diferentes perspectivas, que possam discordar de você sem medo de retaliação.

DORIS KEARNS GOODWIN, escritora (1943-)

O empenho individual num esforço coletivo – é isso que faz um trabalho de equipe, um trabalho de companhia, um trabalho de sociedade, um trabalho de civilização.

VINCE LOMBARDI, treinador de futebol americano (1913-70)

Um grupo torna-se uma equipe quando cada membro está suficientemente seguro de si e de sua contribuição para elogiar as habilidades dos outros.

NORMAN SHIDLE, escritor

Uso não apenas todo o cérebro que tenho, mas todos que posso tomar emprestados.

WOODROW WILSON, presidente dos Estados Unidos (1856-1924)

Em sua maioria, os homens não são mais indivíduos no que diz respeito a seus negócios e às atividades ou moralidades desses negócios. Eles não são unidades, mas frações.

WOODROW WILSON, discurso à American Bar Association (1910)

“ Treinamento

A única coisa pior do que treinar pessoas e vê-las ir embora
é não treiná-las e vê-las ficar.

ZIG ZIGLAR, escritor (1926-)

V

Valor

Outro dia vi um anúncio do segredo da vida. Ele dizia: "O segredo da vida pode ser seu por 25 xelins. Envie-os para o Secret of Life Institute, Willesden." E assim eu escrevi, pois o segredo da vida por 25 xelins pareceu-me uma pechincha. Recebi de volta uma carta dizendo: "Se você pensa que pode obter o segredo da vida por 25 xelins, não merece tê-lo. Envie-nos 50 xelins pelo segredo da vida."
PETER COOK, satirista (1937-95), E.L. Wisty, "Are you spotty?"

Preço é o que você paga. Valor é o que você recebe.
BEN GRAHAM, investidor (1894-1976)

As pessoas querem economia e pagarão quase qualquer preço por ela.
LEE IACOCCA, homem de negócios (1924-)

Qualquer coisa que você perca dobra de valor automaticamente.
MIGNON MCLAUGHLIN, escritora (1913-83), *The Second Neurotic's Notebook* (1966)

Dificilmente haverá no mundo algo que alguém não possa fazer um pouco pior, e vender um pouco mais barato. A pessoa que compra apenas pelo preço é a legítima presa desse homem.
JOHN RUSKIN, crítico (1819-1900)

Venda

Nenhuma venda está realmente consumada até que o produto se desgaste, e o cliente fique satisfeito.
L.L. BEAN, homem de negócios (1872-1967)

Possíveis clientes não estão interessados em você. Estão preocupados consigo mesmos, e tudo que tenham de ler ou ouvir que não esteja relacionado a eles é de pouco ou nenhum interesse. Ponto. Fim de conversa. Nenhuma pergunta feita.
JAY CONRAD LEVINSON e AL LAUTENSLAGER, *Guerrilla Marketing in 30 Days* (2005)

Um vendedor tem que sonhar, cara. Isso vem com o território.
ARTHUR MILLER, dramaturgo (1915-2005), *A morte de um caixeiro-viajante*

Todo mundo vive graças à venda de alguma coisa, seja qual for seu direito a ela. O ladrão vende ao mesmo tempo a própria habilidade e coragem e minha prataria. ... O assaltante vende ao viajante um artigo de primeira necessidade: a vida dele próprio.
ROBERT LOUIS STEVENSON, escritor (1850-94), *Across the Plains* (1892)

Percepção não vende. Ela apenas põe você no conjunto das considerações. Depois você vende.
SERGIO ZYMAN, executivo de marketing (1945-), *O fim do marketing como nós conhecemos* (1999)

“ Viagem de negócios

Há apenas duas razões para sentar-se na última fileira de um avião: ou você está com diarreia, ou ansioso para conhecer pessoas que estão.
HENRY KISSINGER, diplomata (1923-)

Ninguém que está fazendo uma viagem de negócios faria falta se não chegasse.
THORSTEIN VEBLEN, economista (1857-1929)

“ Vida de escritório

Num escritório sem divisórias, há um ritual em que todos esperam por horas até que a primeira pessoa diga: “Quem quer um café?” Essa pessoa se vê depois na cozinha pelo resto do dia trabalhando como um gerente júnior de bufê.
GUY BROWNING, humorista (1964-), *Office politics* (2006)

É uma regra absoluta que o sujeito que ganha menos no escritório será o primeiro a pagar uma rodada após o trabalho. Ele é também o primeiro a ficar completamente bêbado e a dizer uma coisa tão ofensiva que fica sem ganhar aumento pelo sétimo ano seguido.

GUY BROWNING, *Office politics* (2006)

As pessoas com quem trabalhamos são pessoas com quem nos juntamos por mero acaso. Isto é, não as conhecíamos, isso não foi escolha nossa. No entanto, passamos mais tempo com elas do que com nossos amigos ou nossa família. Provavelmente, porém, a única coisa que temos em comum é o fato de andarmos em cima do mesmo pedaço de carpete oito horas por dia.

TIM CANTERBURY, personagem em *The Office* (série de TV britânica, 2003)

Oh, você detesta o seu emprego? Por que não disse antes? Há um grupo de apoio para isso. Chama-se todo mundo, e reúne-se no bar.

DREW CAREY, comediante (1958-)

Quando você crescer, será posto num contêiner chamado cubículo. A sombria opressividade vai entortar sua espinha e destruir sua capacidade de sentir alegria. Com sorte, você terá um chefe como eu para motivá-lo com algo chamado medo.

DILBERT, quadrinhos

Resumindo a história, não há nada como
ser pego de surpresa pelo chefe.
DORIS LILLY, escritora (1922-91)

O trabalho é a maldição das classes bebedoras.
OSCAR WILDE, escritor (1854-1900), citado em
Oscar Wilde, de Frank Harris (1916)

Agradecimentos

Eu gostaria de agradecer a Daniel Crewe, Lisa Owens, Penny Williams e Stephen Brough da Profile Books por seu apoio. Obrigado também aos estagiários que me ajudaram a vasculhar números antigos da *Economist*, entre os quais Abdul Qabir Jaha, Megan Cully, Rhiannon Ress e Dimple Vijaykumar. Por fim, este livro não teria sido possível sem a paciência de Lindsey, que fez vista grossa para o laptop que introduzi furtivamente em várias férias em família, ou a consideração de Iris, que não chegou cedo demais.

BILL RIDGERS
Abril de 2012

Índice

Nomes ficcionais estão indexados entre aspas

A

Achor, Shawn, 114
Ackoff, Russell, 20
Adair, John, 165
Adams, Douglas, 97, 185, 218
Adams, Henry, 163
Addison, Joseph, 175
Administrador de Fundos, 75
Adolt, H.V., 175
Adorno, Theodor, 27, 42, 81, 87
Aiken, Howard, 137
Albee, Edward, 55
Ali, Muhammad, 100
Allchin, Jim, 122
Amabile, Teresa, 115
Ambler, Eric, 108
Anardoko Petroleum Corporation, 134
Anderson, Robert, 209
Anglo Persian Oil Company, 184
Anônimo, 36, 42, 60, 63, 65, 112, 137, 153, 165
Aristóteles, 126
Aston, Elizabeth, 27
Auden, W.H., 226
Austen, Jane, 153

B

Babbage, Charles, 219
Bacon, Francis, 16, 104, 150, 200
Bagehot, Walter, 49, 69, 142
"Bagley, Denis Dimbleby", 190
Bahá'u'lláh, 126
Bailey, arcebispo LeRoy, Junior, 108
Ballard, J.G., 61
Balzac, Honoré de, 46, 83, 154
Bamford, Joseph, 198
Barad, Jill, 168
Barker, Ronnie, 15, 48, 200
Barnes, Michael, 54
Barnum, P.T., 42, 45, 84, 190, 213
Barratt, Matthew, 122
Barry, Dave, 117, 232

Barsh, Joanna, 168
Bartz, Carol, 112
Baudelaire, Charles, 126
Baudrillard, Jean, 173
Bavasi, Buzzie, 100
Bayan, Rick, 67
Bean, L.L., 236
Beaton, Cecil, 208
Beaverbrook, lorde, 88, 229
Beckett, Samuel, 118
Beene, Geoffrey, 27
Benchley, Robert, 50
Bennett, Arnold, 111
Bennis, Warren, 20, 77, 150, 151, 219
Bergen, Edgar, 25, 48, 229
Bernanke, Ben, 75
Bernstein, Paula, 68
Bezos, Jeff, 17, 68, 104, 137, 143, 180
Bíblia, 23, 70, 85, 171, 201, 229
    Eclesiastes, 201
    Mateus, 85
    Provérbios, 70, 171, 229
    São Lucas, 23
Bierce, Ambrose, 68, 89, 149, 197
"Bilko, sargento Ernest", 41, 195
Billings, Josh, 85
Biver, Jean-Claude, 43
Blankfein, Lloyd, 30
Bohr, Niels, 99, 177
Bok, Derek, 93
Boliska, Al, 137
Bombeck, Erma, 130
Bonfield, Peter, 120
Booth, Charles, 156
Booth, William, 116, 226
Bosch, Robert, 201
Boswell, Nelson, 43, 226
Boulding, Kenneth, 70, 90, 161
Bouton, Jim, 100
Bovee, Christian Nestell, 54, 151, 230
Brandeis, Louis, 108, 126, 209, 213
Branson, Richard, 20
Braschi, Giannina, 30
Brewster, Kingman, Junior, 163
Brin, Sergey, 137
Britt, Stuart Henderson, 190
Bronfman, Edward, senior, 145
Brooks, Arthur, 94
Browning, Guy, 29, 50, 60, 67, 153, 189, 237, 238
Bryant, Arthur, 207
Buckingham, Marcus, 20
"Budd" (em *Kill Bill*, vol.2), 27
Buffett, Warren, 16, 18, 28, 46, 63, 74, 118, 120, 146, 162, 184, 197, 201, 204, 208
Burchill, Julie, 157
Burke, Edmund, 163, 201
Burnett, Leo, 88, 190
Burnett, T-Bone, 133
"Burns, Monty", 26
Burr, Donald, 108

Burton, Robert, 25
Bushnell, Nolan, 85
Buxbaum, Martin, 56
Buzzell, Robert, 117
Byron, Lord, 65

C

Calvin e Haroldo (quadrinhos), 27
Campbell, Bill, 68
Camus, Albert, 85
Canterbury, Tim, 238
Caplan, Mitchell, 232
Capone, Al, 36, 74
Carey, Drew, 48, 238
Carey, Phillip, 61
Carlyle, Thomas, 80, 163, 196, 226
Carnegie, Andrew, 52, 76, 79, 230
Carnegie, Dale, 157, 158
Carpinteiros, mantra dos, 177
Cash, Pat, 100
Cassani, Barbara, 168
Castro, Paulo Rabello de, 206
Cerf, Vinton, 143
Champy, James, 106
Chandler, Raymond, 109
Chanel, Coco, 98, 214
Chase, Alexander, 219
Chesborough, Henry, 219
Chesterton, G.K., 48, 97
Chomsky, Noam, 62
Christensen, Clayton, 105, 138, 220
Chrysler, Walter, 182
Churchill, Winston, 37, 51, 181
Cícero, Marco Túlio, 69
Cidadão Kane (filme), 41, 111, 203
Cleese, John, 28, 31, 64
Clough, Brian, 101
Coase, Ronald, 77, 180
Coffin, Harold, 43
Coffman, Curt, 20
Coggan, Philip, 120
Coke, Edward, 23
Colbert, Jean Baptiste, 128
Collins, Jim, 34
Colony, George, 43
Colton, Charles Caleb, 144, 198
Confúcio, 15, 115, 171
Cook, Peter, 138, 178, 191, 235
Cooley, Mason, 135
Coolidge, Calvin, 101, 181
Coppola, Francis Ford, 80
"Corleone, Michael", 26
Coupland, Douglas, 200
Covey, Stephen, 98
Cowell, Simon, 102
Cox, Harvey, 223
Cranston, Susie, 168
Craske, Rebecca A., 168
Cuban, Mark, 118
Curchod, Suzanne (Madame Necker), 202

D

Dahlberg, Edward, 77
D'Angelo, Anthony, 207
Daniel, Vincent, 75
Darin, Bobby, 133
Darrow, Clarence, 209
De Bono, Edward, 176
DeBry, David, 124
Debs, Eugene, 210
Deming, W. Edwards, 77, 99
Deng Xiaoping, 39
DeWolf, Nicholas, 43
Dickens, Charles, 66, 83, 89, 143, 154, 165, 170, 204
Dickey, Parke, 135
Dilbert (quadrinhos), 16, 71, 100, 113, 138, 238
Dillard, Annie, 71
Ditado alemão sobre pequenas empresas, 97
Dizeres num biscoito da sorte, 119
Doctorow, Cory, 214
Dodge, W.E., 187
Doriot, George, 185
"Draper, Donald", 41, 191
Drucker, Peter, 16, 19, 20, 21, 43, 76, 90, 105, 138, 139, 158, 186, 223, 224, 232
Dumas, Alexandre, 69
Durant, Will, 31
Dylan, Bob, 54, 85

E

Economist, The, 43, 49, 75, 93, 142, 149, 185, 199, 206
Eddings, David, 228
Eddison, Alan, 161
Edison, Thomas, 118, 135, 187, 230
Edwards, Sherman, 23
Ehrenreich, Barbara, 132
Einstein, Albert, 115, 143, 214
Eisenhower, Dwight D., 180
Emerson, Ralph Waldo, 21, 211
Eno, Brian, 225
Erickson, Arthur, 132
Ésquilo, 23, 144
Evans, Joni, 168

F

"Fawlty, Basil", 44
Fábula Comercial Anônima, 172
Feldman, Mark, 223
Feynman, Richard, 90
Fforde, Jasper, 47
Field, Marshall, 52
Firestone, Harvey, 89
Fisher, Irving, 184
Fitzgerald, F. Scott, 67
Forbes, Malcolm, 66
Ford, Henry, 44, 105, 109, 113, 118, 143, 164, 173, 174, 186, 198
Foulston, Nicola, 169

Fox, Muriel, 98
France, Anatole, 69
Frankl, Viktor, 214
Franklin, Benjamin, 70, 105, 151
Frecht, Utz, 59
Frenckner, Paulsson, 21
Friedman, Milton, 34, 109, 143, 162
Friedman, Thomas, 16, 36, 37, 51, 55, 135, 161, 163, 175

G

Gabor, Dennis, 220
Gaherin, John, 85
Galbraith, John Kenneth, 31
Gandhi, Mahatma, 44, 47
Gates, Bill, 44, 93, 95, 220
"Gekko, Gordon", 26, 29, 41, 47, 85, 202
Geneen, Harold, 57, 77, 93, 106, 112, 182
George, Susan, 120, 161
Gerber, Michael, 94
Getty, Jean Paul, 136, 202
Gladwell, Malcolm, 55, 72, 95, 215, 217, 223, 231
Glasow, Arnold H., 60, 81, 187
Gobel, George, 199
Godin, Seth, 45, 72, 115, 119, 158, 159, 165, 205
Goffee, Rob, 76
"Goldfinger, Audric", 203
Goldsmith, Marshall, 25
Goldsmith, Oliver, 109
Goldwyn, Sam, 24
Goleman, Daniel, 78
Goodwin, Doris Kearns, 233
Google, 110, 137
Gotti, John, 40
Graham, Ben, 235
Green, Harold, 113
Gretzky, Wayne, 205
Grove, Andrew, 166

H

Half, Robert, 79
Hamel, Gary, 21, 51, 52, 106, 121, 151, 166, 225
Hamilton, Alexander, 188, 196
Hamilton, William Peter, 139
Hammer, Michael, 106
Handy, Charles, 95, 106
Hanlon, Robert J., 57
Hannum, David, 45
Haque, Umair, 102
Hargadon, Andrew, 139
Harrison, George, 128
Hart, Myra, 169
Havel, Vaclav, 110
Hayek, Friedrich, 91
Hazlitt, William, 56
Heatter, Gabriel, 40
Heidegger, Martin, 171

Heller, Joseph, 55
Helps, Arthur, 126
Hendricks, Nick, 215
Henry, Matthew, 203
Herring, Richard, 48, 182
Hesburgh, Theodore, 151
Hewlett, Bill, 106
Hicks, Bill, 74
Hilton, Anthony, 31
Hock, Dee, 34
Hoff, Benjamin, 62
Hoffer, Eric, 37, 139, 174, 217
Hollander, Xaviera, 157
Hollis, Nigel, 123
Holmes, Oliver Wendell, Junior, 128
Holt, John, 205
Hoodoo, Gurus, 228
Hopper, Grace, 139
Hsi Tang Chih Tsang, 47
Hubbard, Elbert, 95, 119, 140, 183, 198, 216, 220, 231
Huffman, brigadeiro-general Gary, 57
Hugo, Victor, 157, 188
Hunt, Tara, 186

I

Iacocca, Lee, 185, 235
IBM, 68, 185, 221, 222
Iyengar, Sheena, 159

J

Jackson, Jesse, 183
Jay-Z, 51, 134
Jefferson, Thomas, 32, 191
Jerome, Jerome K., 155, 183
Jevons, William Stanley, 210
Jobs, Steve, 16, 17, 51, 57, 69, 82, 83, 88, 140, 144, 213, 221
Johnson, Herrick, 203
Johnson, Samuel, 178, 226
Jones, John Harvey, 178

K

Kahn, Alice, 221
Kahneman, Daniel, 175, 212
Kamprad, Ingvar, 57
"Kane, Charles Foster", 41, 111, 203
Kanter, Rosabeth Moss, 179
Kaplan, Robert, 78
Kassaei, Amir, 123
Kay, Alan, 119, 140
Kay, John, 98
Kellaway, Lucy, 176
Kelleher, Herb, 17, 40, 71, 129
Kellems, Vivien, 88
Keller, Maryann, 131
Kennedy, Mark, 183
Kennedy, Paul, 166
Keynes, John Maynard, 33, 38, 86, 91, 103, 147, 162, 194

Khrushchev, Nikita, 45
Khurana, Rakesh, 103
Kim, W. Chan, 53
King, Stephen, 124
Kipling, Rudyard, 119
Kissinger, Henry, 237
Klein, Naomi, 38, 125
Knusden, William, 53
Kocher, Gerhard, 132
Kotler, Philip, 19, 124, 159, 162
Kotter, John, 50
Kroc, Ray, 68
Krugman, Paul, 75
Kundera, Milan, 159
Kutagari, Ken, 184

L

Laércio, Diógenes, 84
Lagerfeld, Karl, 131
Laker, Freddie, 53
Latimer, A.A., 64
Lautenslager, Al, 236
Leacock, Stephen, 191
Lee, Brenda, 133
Lee, Gerald Stanley, 216
Lee Kun-Hee, 166
Lee Myung-Bak, 199
Lênin, Vladimir, 64
Lennox, Annie, 133
Leno, Jay, 208
Levine, Mark, 106
Levinson, Jay Conrad, 236
Levitt, Theodore, 19, 107, 125
Lewis, Michael, 33, 75, 147, 196
Lilly, Doris, 239
Lincoln, Abraham, 178
Lippman, Greg, 196
Lippman, Walter, 231
Little, Royal, 187
Livingstone, David, 125
Lombardi, Vince, 152, 194, 216, 231, 233
Lü Buwei, 109
Lundborg, Louis, 110
Lynch, Peter, 147
Lyttelton, Oliver, 198

M

Macon, Nathaniel, 191
Malcolm X, 164
Maquiavel, Nicolau, 106, 205
March, James, 141
Marcus, H. Stanley, 45
Marx, Karl, 16, 38, 51, 81
Mason, Jackie, 133
Máté, Ferenc, 62
Mauborgne, Renée, 53
Maugham, W. Somerset, 114
Maurois, André, 101
Maynard, Micheline, 131
Mayo, William James, 56
McCarthy, Mary, 112

McClane, John, 188
McCormack, Mark, 57
McGovan, William, 71
McGovern, William, 66
McGregor, Douglas, 22
McGuire, Barry, 134
McLaughin, Mignon, 235
McLuhan, Marshall, 140, 141, 191, 192
McMahon, Tim, 205
Mead, Margaret, 154
Meir, Golda, 136, 181
Mencken, H.L., 86
Microsoft, 44, 93, 122, 163, 220, 221
Miller, Arthur, 236
Miller, Bryan, 172
Miller, Dennis, 48, 194
Miller, Henry, 152
Mills, C. Wright, 96
Mintzberg, Henry, 22, 117, 152
Montapert, Alfred, 26, 188
Morgan, John Pierpont, 24, 165, 174, 180
Morita, Akio, 125, 141
Morrison, Van, 134
Morrissey, 134
Mortimer, John, 25
Mourinho, José, 101
Mumford, Lewis, 221

N

Nader, Ralph, 136, 208
Napoleão Bonaparte, 57
Nash, Ogden, 33
Nasreddin, Mulla, 113
Navratilova, Martina, 203
Nevill, Dorothy, 50
New Yorker, 80
Newton, Isaac, 69, 147
Nicholson, Jack, 132
Nielsen, Leslie, 183
Nohria, Nitin, 103
Nordstrom, Kjell, 40
Norton, David, 78
Nunez, Oscar, 152

O

Ogilvy, David, 62, 67, 121, 160, 177, 192, 200
Ohmae, Kenichi, 125
O'Leary, Michael, 17, 122, 161
Oliver, Vic, 86
Onassis, Aristóteles, 58
Orben, Robert, 126
O'Rourke, P.J., 51
Ortega y Gasset, José, 80
Orwell, George, 155, 192
Owen, Robert, 127

P

Packard, Vance, 72, 204, 222
Paine, Thomas, 128
Palahniuk, Chuck, 62, 63
Parker, Dorothy, 97, 196
Parker, Peter, 95
Parkinson, Cyril Northcote, 186, 222, 223
Pascale, Richard, 141, 167
Patton, George, 186
Peale, Noman Vincent, 25
Penrice, Daniel, 103
Pepper, Claude, 178
Peppers, Don, 45
Perot, Ross, 49, 131
Perret, Gene, 207
Peter, Laurence, 24, 34, 170, 189
Peters, Tom, 19, 58, 107, 111, 144, 152
Petronis, Gale, 96
Piadas, 64, 196
"Picard, Jean-Luc", 174
Plain English Campaign, 154
Poincaré, Henri, 141, 142
Pollard, Eve, 169
Pope, Alexander, 116
Porter, Michael, 107
Pournelle, Jerry, 172
Prahalad, C.K., 19, 96, 121, 179
Pratt, Wallace, 136
Preis, Michael, 22
Presley, Elvis, 25, 65
Provérbios, 70, 111, 171, 229

R

Rand, Ayn, 72, 73, 84, 87, 103, 127, 218
Ratner, Gerald, 122
Reagan, Ronald, 56, 81
Revson, Charles, 192
Ridderstrale, Jonas, 40
Ries, Al, 53, 107, 124, 142, 160, 162, 167
Robertson, Dennis Holme, 180
Robin, Vicki, 103
Rockefeller, John D., 15, 26, 48, 55, 87, 111, 200, 218
Rockefeller, John D., Junior, 71
Roddick, Anita, 96, 177
Rogers, Martha, 45
Roosevelt, Franklin D., 129
Roosevelt, Theodore, 23, 40, 145, 181
Rothbard, Murray, 47
"Rothstein, Sam 'Ace'", 149
Rothschild, Mayer Amschel, 33
Rousseau, Jean-Jacques, 148
Roy, Arundhati, 82
Rumelt, Richard, 78
Ruskin, John, 114, 197, 236

S

Samuelson, Paul, 112, 148, 169
Sarnoff, David, 53
Saul, John Ralston, 33
Schmidt, Eric, 110
Schopenhauer, Arthur, 218
Schultz, Peter, 67
Schumpeter, Joseph, 16, 38, 39, 198
Scott, Howard, 74
Scott, Michael, 23
Sculley, John, 78
Seidenberg, Ivan, 123
Self, Will, 229
Sêneca, 212
Senge, Peter, 39, 113, 121, 167, 218
Shakespeare, William, 24, 170
Shapiro, Benson, 53
Shapiro, Stephen, 142
Shaw, George Bernard, 33, 50, 91, 97, 115, 129, 167, 174, 188, 210
Shedd, John, 206
Shenkir, William, 197
Shepard, Sam, 160
Shepherd, David, 123
Shepherd, Freddie, 123
Sherman, Allan, 216
Shidle, Norman, 233
Short, Clare, 125
Shugrue, Martin, 130
Silvestrini, cardeal Achille, 111
Simon, Herbert, 78, 79
"Simpson, Homer", 15, 58, 79, 204, 210
Sloan, Alfred, 79, 173, 224
Slywotzky, Adrian, 53
Smiles, Samuel, 39, 127, 231
Smith, Adam, 92, 195, 227
"Sollozzo", 41, 74
Sowell, Thomas, 39, 65, 92, 100, 180, 197, 200, 232
Spratt, Michael, 223
Stanhope, Philip Dormer, 98
Staubach, Roger, 45
Stein, Herbert, 46, 63
Steinbeck, John, 73, 84
Steinem, Gloria, 169
Stelzer, Irwin, 121
Stemp, Josiah, 34
Stevenson, Adlai, 211
Stevenson, Robert Louis, 98, 236
Stew Leonard's, 46
Stewart, E. Ralph, 204
Stewart, Thomas, 68
Stout, Rex, 204
Stowell, William, 172
Sugar, Alan, 101
Surowiecki, James, 88

Sutton, Robert, 40
Swaffer, Helen, 164

T

Taleb, Nassim Nicholas, 60, 69, 118, 199, 212
Tammeus, William, 136
Taylor, Frederick Winslow, 183, 227, 228
Tebbit, Norman, 81
Tedlow, Richard, 53
Templar, Richard, 46
Thalberg, Irving, 51
Thatcher, Margaret, 52, 87, 154, 181, 232
Thompson, Hunter, 24, 164
Thomson, Adam, 130
Thoreau, Henry David, 26, 188, 228
Tomlin, Lily, 99
Townsend, Robert, 59, 61, 224
Tripp, Juan, 130
Trout, Jack, 53, 197, 124, 142, 160, 162
Truman, Harry, 26
Trump, Donald, 171
Tucker, Malcolm, 80
"Tuld, John", 84
Turgot, Anne Robert, 129
Turner, Robert, 58
Turner, Ted, 58, 96
Twain, Mark, 148

V

van der Veer, Jeroen, 148
van Gogh, Vincent, 28, 47, 70
Veblen, Thorstein, 237
Veen, Jeffrey, 83
Vermeulen, Freek, 49, 54
Vonnegut, Kurt, 222

W

Walton, Sam, 46, 58
Wanamaker, John, 193
Wang, Vera, 56
Ward, Artemus, 87
Warhol, Andy, 28, 104
Washington Booker T., 174
Watkins, Bill, 59, 143
Waugh, Auberon, 211
Weber, Max, 35
Welch, Jack, 16, 35, 59, 99, 107, 167
Welles, Orson, 132
Wells, H.G., 193
Western Union, 185
White, Slappy, 81
Whyte, William, 35, 74, 222
Wildavsky, Ben, 93
Wilde, Oscar, 39, 42, 66, 97, 155, 164, 184, 222, 239
Wilson, Earl, 216
Wilson, Woodrow, 70, 233
Winters, Jonathan, 216

Wired (revista), 83, 120, 221, 225
Wittgenstein, Ludwig, 116
Woolman, C.E., 130
Wouk, Herman, 129
Wrigley, William, 224
Wyse, Lois, 169

X

Xun Zi, 171

Y

Young, Andrew, 24

Z

Zappa, Frank, 35, 134
Ziglar, Zig, 234
Zyman, Sergio, 124, 160, 177, 237

"Trabalhe quando está trabalhando, brinque quando está brincando — essa é uma regra básica de autodisciplina repressiva."

THEODOR ADORNO

"Um otimista é simplesmente um pessimista sem nenhuma experiência de trabalho."

DILBERT

"Só segredos insignificantes precisam de proteção. As grandes descobertas são protegidas pela incredulidade pública."

MARSHALL MCLUHAN

"Dinheiro é a semente do dinheiro, e por vezes é mais difícil ganhar o primeiro guinéu que o segundo milhão."

JEAN-JACQUES ROUSSEAU

"Uma regra que pune o banqueiro que não a observa: Nunca empreste dinheiro a uma pessoa a menos que ela não precise dele."

OGDEN NASH

"Você e eu andamos pela estrada ou pela ferrovia, mas os economistas viajam na infraestrutura."

MARGARET THATCHER

FSC
www.fsc.org
MISTO
Papel produzido
a partir de
fontes responsáveis
FSC® C019498

A marca FSC é a garantia de que a madeira utilizada na fabricação do papel deste livro provém de florestas de origem controlada e que foram gerenciadas de maneira ambientalmente correta, socialmente justa e economicamente viável.

Este livro foi composto por Mari Taboada em Quadraat Pro 10/14,2 e impresso em papel offwhite 70g/m²
por Geográfica Editora em novembro de 2014.